AF140502

Jacobus Sackmann

Plattdeutsche Predigten

Jacobus Sackmann

Plattdeutsche Predigten

ISBN/EAN: 9783743677272

Hergestellt in Europa, USA, Kanada, Australien, Japan

Cover: Foto ©ninafisch / pixelio.de

Weitere Bücher finden Sie auf **www.hansebooks.com**

Jobst Sackmann's

weil. Pastors zu Limmer bei Hannover

Plattdeutsche Predigten.

Jetzt zum ersten Male

in einer Sammlung

mit einigen andern vereinigt.

Nebst

Biographie und Bildniß des Verfassers.

Siebente Auflage.

Celle,

Verlag der Schulze'schen Buchhandlung.

1860.

An unsere Landsleute.

Vor einigen Jahrzehnden, als wir zuerst diese
Sammlung Sackmann'scher Predigten, welche
als Flugblätter, allein oder mit ähnlichen Reden
zusammen, und in Journalen zerstreut waren,
unternahmen und durch den Druck weiter ver=
breiteten, hofften wir allerdings damit den Freun=
den der einfachen, kernigen und oft launigen
Redeweise unseres ehrenwerthen Sackmann ei=
nen Gefallen zu thun; unsere höchsten Erwar=
tungen hat aber der verhältnißmäßig große Ab=
satz von sechs Auflagen übertroffen. Nah und
fern in allen Gauen Deutschlands ist das Buch
verbreitet. Jeder wurde durch die fromme, ehr=
liche Einfalt, welche aus bestem Herzen kam und
zum Herzen sprach, gewonnen. — Sackmann
hat gewiß schon bei seinen Lebzeiten die Liebe und

Achtung seiner Gemeinde sich zu erwerben gewußt.
Seine treue Ehrlichkeit öffnete ihm alle Herzen.
Sollte ihn dabei aber nicht ganz besonders sein
Predigen in plattdeutscher Sprache unterstützt
haben? — Die Verdrängung der plattdeutschen
Volkssprache aus allen öffentlichen Verhand=
lungen, in Kirche und Staat nahm zu seiner
Zeit sehr überhand, in den Städten verschwand
sie allmählich selbst aus dem Gebrauche in Fa=
milien, und fand in unseren von Natur mit
sehr zähem Naturell ausgestatteten Landbewoh=
nern den letzten Halt. Bis auf den heutigen
Tag ist es auch dem Einflusse der Kirche und
Schule nicht gelungen, ihnen die Liebe und
Anhänglichkeit an die eigentliche Landes= und
Muttersprache zu nehmen. Wie viel mehr muß=
ten sich damals, wo der Unterdrückungskampf
erst begonnen hatte, die Herzen der Landleute
ihrem Seelsorger entfremden, wenn er diese Liebe
so gänzlich mißachtete, und in einer andern
Sprache zu ihnen redete, als ihre Voreltern
gesprochen hatten. Die Anwendung der hoch=

über die Aufrichtigkeit selbst der bestgemeintesten
Theilnahme an ihrem Wohl und Wehe.

Wir können nicht umhin, an dieser Stelle
mit unserm um die Erhaltung der niederdeutschen
Mundart hochverdienten Landsmanne Georg
Schambach *) bitter zu beklagen, daß, nach=
dem im Laufe eines Menschenalters das reine
Plattdeutsch in den Städten aus dem Gebrauche
der Familien so ziemlich verschwunden und das
Platthochdeutsche, ein unbestimmbarer Misch=
masch, an seine Stelle getreten ist, jetzt diese
Veränderung zum Schlimmern auch auf das
Landvolk überzugehen droht. Es ist dies zum
Theil eine Frucht der Volksschule. Diese möge
aber, da sie doch nicht völlig im Stande ist,
der ihr angehörenden Jugend die neuhochdeutsche
Sprache in einer genügenden Weise zum Ei=
genthum zu machen, endlich einmal aufhören,
die niederdeutsche Volkssprache ohne Noth zu
beeinträchtigen, und sich einfach damit begnügen,
das Verständniß der neuhochdeutschen Sprache

*) in der Vorrede zu dem „Wörterbuch der nieder=
deutschen Mundart." Hannover 1858. Rümpler.

bei dem Landvolke anzubahnen, das Gute aber, welches das Volk einmal hat, nach Kräften zu erhalten suchen. Im andern Falle wird es nur beraubt, ohne irgend welchen Ersatz zu gewinnen. Könnte nun schon von Seiten der Volksschule zum Schutze und zur Erhaltung dieses schönen Dialektes, eines der herrlichsten Zweige am deutschen Sprachbaume, gar manches geschehen, indem sie dem Volke seine Liebe und Anhänglichkeit an seine Muttersprache nicht verleidet, so können auf der andern Seite auch die Gebildeten der Mittelclassen, die mit dem Volke vielfach in Berührung kommen, nicht weniger dazu beitragen. Dies können sie aber vor allem dadurch, daß sie sich nicht schämen, in ihrem Verkehre mit dem Volke auch dessen Sprache zu reden. Die völlig ungerechtfertigte Verwerfung und Verachtung der eigentlichen Landes= und Muttersprache *) von Seiten der

---

*) Nur geringe Verschiedenheiten bestehen unter den Dialekten der niedersächsischen Mundart, welche mehr als 9 Millionen unserer Landbewohner noch un=

Gebildeten hat aber bei uns schon vielfach die
traurige Folge, daß auch solche Menschen hoch=
deutsch sprechen zu müssen glauben, die in Wahr=
heit unfähig sind, sich in dieser Sprache auch
nur nothdürftig zu bewegen, während sie in
ihrer Volksmundart der nöthigen Sicherheit
keineswegs entbehren. Klaus Groth sagt
darüber *): Wir wollen den Hochdeutschen nicht
zwingen, Plattdeutsch zu lernen, nur soll er
sich über unser Wesen und Sprache alsdann
kein absprechendes Urtheil gestatten. Aber wir
Plattdeutschen haben Pflichten gegen unsere
Muttersprache. Jeder von uns hat zu streben,
daß seine Enkel nicht von ihm sagen, was wir
von unseren Vorfahren: sie hätten ihr eigen
Fleisch und Blut verachtet, verachtet in bloßer
Unwissenheit, in eitler Verkennung der eigenen
Vorzüge, im eitlen Haschen nach fremdem Flit=
ter. „Was du heute mit eklem Unbedacht ver=

kirgen, von Münden an der Weser, von Cöln am
Rhein bis Flensburg erstreckt sich ihre Heimath.

*) in den „Briefen über Hochdeutsch und Plattdeutsch."
Kiel 1858. Schwers'sche Buchhandlung.

wirfft, wird dein Enkel als gelehrte Sprache wieder lernen, weil er sie nicht missen kann", sagt Dahlmann in der Vorrede zum Necerorus 1827. Lasset eure Kinder die Sprache eurer Väter bei ihren Spielen lernen, sie gewinnen etwas Besseres daran auf Straßen und in der freien Natur, als je eine Schule ihnen geben kann. Laßt eure Dienstboten mit ihnen plattdeutsch sprechen, ihr Hochdeutsch würden sie ihnen doch nur verderben. Verschmäht es nicht, mit euren Untergebenen ihre treuherzige Mundart zu reden, damit die Armen nicht irre werden in ihrer schönen Bescheidenheit. Es steckt kein Gift im Plattdeutschen, auch nicht einmal das Gift, wodurch die norddeutschen Glieder so derbe werden. Wir lassen die Hochdeutschen reden, die da klagen, daß wir nicht völlig werden wollen wie ihrer Einer. Unsere Muttersprache wird uns nicht salonfähig machen, aber fähig wird sie unsere Herzen erhalten für Einfalt und Treue, und hoffentlich wird die Zeit nicht mehr fern sein, wo man die reden läßt, die uns nicht verstehen, aber Schande über

spricht, der die Sprache verleugnet, die an sei=
ner Wiege geklungen. Die plattdeutsche Sprache
hat einen hohen Werth und vielfache Vorzüge,
nur aus allzugroßer Bescheidenheit verbirgt sie
ihre eigenthümlichen Reize vor den Augen der
Welt und ist so in Mißachtung gekommen.
Nicht im Geringsten hat sie aber die Absicht,
das Hochdeutsche zu verdrängen, oder nur selbst
in plattdeutschen Landen ihre Mundart zur gel=
tenden Schriftsprache zu machen; Religion und
Wissenschaft muß ihre Sprache behalten, man
kann nur wünschen, daß die Mundart von
Kanzel und Schule ausgeschlossen wird. Die
Plattdeutschen wollen keinen andern Platz ein=
nehmen, als auf dem sie stehen. —

So weit die Herren Schambach und
Groth, und mit ganzem Herzen schließen wir
uns ihrem Wunsche an. Nicht warm genug
können wir es denen, welchen das geistige Wohl
des Landvolkes anvertraut ist, ans Herz legen,
das Ihrige zu Erfüllung des oben Geforderten
zu thun. Unsere Volkssprache muß wieder zu

Ehren gelangen. In neuerer Zeit ist schon eine gewaltige Bewegung über sie gekommen: alle Welt wurde durch die Lebenskraft der Lieder im Quickborn, in den Läuschen und Riemels, Stippstörken un Legendchen und andern plattdeutschen Büchern in Reim und Prosa in Erstaunen gesetzt. Energisch hat sich auch die Wissenschaft der verwais'ten Sprache angenommen, hat ihre Berechtigung nachgewiesen und sucht ihr die nöthige Festigkeit wieder zu geben.

Doch nun genug der Abschweifung, aber wovon einem das Herz voll ist, davon läuft es über.

Auf die Ausstattung der vorliegenden neuen Auflage Sackmann'scher Predigten hat die Verlagshandlung wieder die größte Sorgfalt gewandt. Möge das Büchlein sich auch in der Folge immer mehr Freunde erwerben, sein Inhalt wird bei unbefangener Auffassung nur Segen bringen.

Wir haben noch zu bemerken, daß unserm

Marggraff *) eine erfreuliche Würdigung zu
Theil geworden ist, und zwar vom literar=
historischen Standpunkte aus, wo auf seine von
Humor und Satire reich gewürzten Predigten
neben denen des katholischen Kanzelredners
Abraham a Sancta Clara (Ulrich Me=
gerle), geb. 1642, gest. zu Wien 1709, des
Schwaben Sebastian Sailer, geb. 1714,
gest. 1777, und des protestantischen Pastors
Balthasar Schuppius, genannt Fabelhans,
geb. 1610, gest. zu Hamburg 1661, besonders
hingewiesen wird. Es wird ferner im Allge=
meinen auf die eigenthümliche und große Be=
deutung namentlich der älteren humoristischen
Literatur in sittengeschichtlicher Hinsicht auf=
merksam gemacht; daß die daraus hervorleuch=
tende altdeutsche Derbheit und Gradheit, die
Schalkhaftigkeit und Munterkeit der Behand=
lung des Stoffes, wie die gesunde praktische
Moral, dieser Literatur immer einen classischen

---

*) Hausschatz der deutschen Humoristik. Mit literar=
historischen Einleitungen von Hermann Marggraff.
1. Band. Leipzig 1858. Wengler.

Werth verleihen wird, wenn die Neuzeit mit ihrem oft nur zu graden und zierlichen Ge= schmack, darin auch vieles anstößig und unge= nießbar finden sollte.

Eine gleich günstige Beurtheilung erfuhr das Büchlein neuerdings in den Hamburger Nachrichten von Herrn Dr. Heller, in der Berliner Revue, redigirt von Clem. Grafen Pinto, und im Hannoverschen Tage= blatte. Groß war überhaupt das Interesse, welches sich nah und fern nach Herausgabe der sechsten Auflage, für diese Plattdeutschen Predigten kund gab, nach Verlauf weniger Mo= nate wurde vorliegender neuer Abdruck nöthig.

Den genannten Herren resp. Redactionen sagen wir noch unsern besten Dank, in so gün= stiger Weise auf das Büchlein aufmerksam gemacht zu haben.

A. S.

Inhalt.

		Seite
Sackmann's Biographie	. . . .	1

Sackmann's gesammelte Predigten:

I.	Fragment einer Trauungsrede	19
II.	Eine Leichenpredigt auf M. Wichmann . .	23
III.	Eine Leichenpredigt auf H. Nottelmann . .	51
IV.	Auszug einer Predigt am 10. Sonntage nach Trinitatis gehalten 1711	65
V.	Leichensermon auf Michael Morin	79

Zugaben:

| VI. | Brunt=Preddigt von J. Bummel auf Jacob Feulen . . . . | 97 |
| VII. | Zeitpredigt . . . . | 111 |

Sackmann's Biographie.

Jobst (oder Jacob) Sackmann*) stand als Prediger zu Limmer, nahe bei Hannover, und trat sein Lehramt bei der dortigen Gemeinde im Jahre 1680 an. Er hatte einen gesunden Verstand und eine feine Beurtheilungskraft, und war nichts weniger als unwissend, in den zu seinem Amte erforderlichen Kenntnissen, oder nachlässig in seinem Berufe, wie man etwa aus seinen Reden schließen mögte. Man denke sich die Zeit, in welcher er lebte; so wird uns vieles, was jetzt sonderbar scheint, nicht mehr so sehr auffallen.

---

*) Nach der Unterschrift seines in der Kirche zu Limmer hängenden Bildnisses ist er zu Hannover geboren am 13. Februar 1643, und gestorben zu Limmer 1718, am 4. Juni im 75. Jahre seines Lebens und 38. seines Dienstes. — Am 17. November 1715 übertrug er seinem Abjunctus den größten Theil seiner Amtsgeschäfte. Dieser hieß Justus Ludolf Bietken.

Bei dem allem waren auch seine Predigten nicht zum Drucke bestimmt, und unter denen, die gedruckt sind, findet sich eine oder die andere, gegen deren Aechtheit manches eingewendet werden könnte.

Ehrlichkeit und alte deutsche Treue, mit einer frommen Einfalt der Sitten verbunden, machte den Hauptzug in der Gemüthsart dieses Mannes aus, sie leitete alle seine Schritte und erwarb ihm eine allgemeine Liebe und das ganze Zutrauen seiner Eingepfarrten. Denn diese kamen bald zu der Ueberzeugung, daß die Absichten und Bemühungen ihres Seelsorgers ganz auf ihre moralische Besserung und damit verbundene Glückseligkeit gerichtet waren. Sie liebten und ehrten ihn daher als ihren Vater*). Nicht leicht

---

*) Damit ist aber nicht gesagt, daß er nicht von Einzelnen Verdruß gehabt habe. In einer Klageschrift der Gemeinde Limmer, von zehn Leinwebern und einem Halbmeier unterzeichnet, wirft diese ihm bei dem Königlichen Consistorio in Hannover vor, daß er sie auf öffentlicher Kanzel bald Diebe, bald Ochsen und Esel, bald Schurken gescholten. Unterm 29. October 1711 untersagt das Consistorium dem Pastor Sackmann solcherlei Aeußerungen; allein am 20. Februar 1712 beschwert sich die Gemeinde von neuem, und bittet, ihren Prediger, da er ihre Behauptungen gänzlich geleug-

unternahm einer aus ihnen einen Kauf, einen
Proceß, oder eine andere Sache von Wichtigkeit,
ohne vorher die Meinung seines Predigers dar=
über eingeholt zu haben; und sehr oft vermittelte
dieser unter ihnen, durch seine vernünftigen Vor=
stellungen, eine Zwistigkeit, die vielleicht für beide
Theile verdrießliche Folgen gehabt haben würde.
Sein öffentlicher Vortrag war mit allem Bedacht,
nach der Fähigkeit seiner Zuhörer eingerichtet,
deutlich, populär und faßlich; freilich wohl mit
dem Maaße der Aufklärung jener Zeit überein=
stimmend. Zuweilen konnte er auch bei Bestra=
fung einiger Laster und Thorheiten einen saty=
rischen Einfall nicht ganz zurückhalten. Dies
mogte die Veranlassung geben, daß im Sommer
viele Einwohner aus Hannover einen Spazier=

---

net, darüber zum Elbe zu ziehen. Die Erklärung auf
diesen Eid wurde zwar erfordert, allein dabei scheint die
Sache geblieben zu sein. Uebrigens hat sich Sackmann
sehr wohlthätig bewiesen, indem er 1000 Rthlr. den Ar=
men zu Limmer, 1000 Rthlr. den Armen der Hof= und
Stadt=Kirche zu Hannover, 250 Rthlr. der Limmerschen
und 250 Rthlr. der Schule zu Velber dortigen Kirchspiels
vermacht hat, bei der letztern mit der Bedingung, daß für
die jährlichen Zinsen die Schullehrer gehalten sein sollen,
die Kinder armer Eltern unentgeltlich zu unterrichten.

gang nach Limmer machten, um Sackmann zum
Zeitvertreib zu hören. Nicht selten fuhren auch
vornehme Damen zu seiner Predigt, welche denn
gewöhnlich, so gut als jene, ihre Lection bekamen.

Daß er sich im Predigen sehr oft der Nie-
dersächsischen Mundart bediente, bei deren Ge=
brauch in unsern Tagen die Würde einer heili=
gen Rede gar sehr verlieren würde, das war
gar nichts Unerhörtes und vielmehr dem Geiste
jener Zeit vollkommen gemäß; denn sogar noch
in der letzten Hälfte des vorigen Jahrhunderts
hörte man hin und wieder diesen Dialect von
den Kanzeln der Landkirchen in Niederdeutsch=
land. Sackmann hatte einmal Gelegenheit, sich
dieserhalb zu rechtfertigen. Der verwittweten
Herzogin von Hannover hatte man von ihm
gesagt, und sie wünschte ihn in der Schloß=
kirche zu hören. Sackmann reisete, sobald er
den Befehl erhalten, ohne Umstände dahin, und
zeigte, daß er seinen Vortrag nach dem Zustande
seiner Zuhörer einzurichten verstand. Die Für=
stin äußerte, daß sie das Sonderbare gar nicht
fände, was ihr von ihm hinterbracht worden.
Bei einer Audienz fragte sie ihn, ob er in seiner

Kirche eben so predigte, wie sie ihn gehört hätte?
»O nein! gnädigste Landesmutter«, war seine
Antwort, »wie würden mich meine armen Schafe
verstehen, wenn ich nicht anders predigen wollte?
Mit den Einfältigen muß ich einfältig reden,
woferne ich ihnen nützen will.« Sie entließ ihn
hierauf mit der Versicherung ihrer Zufriedenheit,
und mit der Ermahnung in seiner Amtstreue
fortzufahren *).

Die Besuche aus der Stadt zu seinen Pre=
digten dauerten unterdessen fort und wurden
nach diesem Vorgange noch zahlreicher. Der
gute Sackmann ging aber seinen geraden Weg
vor sich hin, ohne durch etwas sich irre machen
zu lassen.

Eines Sonntags bemerkte er, daß eine zahl=
reiche Gesellschaft aus Hannover zur Kirche kam.
Schnell unterrichtete er seinen Küster davon,

---

*) Dabei wird von Sackmann erzählt, daß als er am Hofe
habe predigen sollen, und er zu Fuße dorthin ging, und
nicht den gesandten Hofwagen benutzte, und in Folge
dessen gefragt sei, warum er nicht habe fahren wollen,
geantwortet habe: es stünde nicht geschrieben: „Fahret
hin in alle Welt", sondern: „Gehet in alle Welt und
predigt das Evangelium aller Kreatur."

ließ denselben eine außerordentlich lange Predigt
lesen, die längsten Gesänge singen und Gebete
vorlesen. Die Kirche wurde geschlossen, so daß
keiner vor Beendigung dieses langen Gottes=
dienstes dieselbe verlassen konnte.

Die Hannoveraner wurden durch diese Maß=
regel die Angeführten. Statt des gehofften Ver=
gnügens, sich über den Prediger lustig zu machen
und reichen Stoff zu Scherzen über ihn nach
Hause tragen zu können, brachten sie, als end=
lich ihre Befreiungsstunde schlug, als Nachwir=
kungen des verfehlten Ziels und der empfunde=
nen Langenweile, Mißbehagen und üble Laune
nach Hause; sie versprachen, nie wieder die
Limmersche Kirche zu besuchen.

Nachher machte der König von Schweden
Friedrich der Erste, aus seinen Hessischen Staa=
ten eine Reise nach Hannover, und an einem
Bürger dieser Stadt wollte man eine große Aehn=
lichkeit in der Natur und Bildung mit dem
Könige wahrnehmen. Dieser Mann war ein
Perückenmacher, und die Vergleichung, die man
zwischen ihm und einem Monarchen anstellte,
war für ihn außerordentlich schmeichelhaft. Er

gerieth auf den Gedanken, einen Versuch anzu=
stellen, was für einen Eindruck seine scheinbare
majestätische Gegenwart auf unsern Sackmann,
der nun sein Alter fühlte, machen, und wie er
sich dabei benehmen würde, wenn er ohne Vorbe=
reitung vor einem Könige reden sollte. Ein Ein=
fall, der eines Perückenmachers nicht unwürdig
war. In der Absicht kam er mit zweien seiner
Freunde in einer Miethkutsche nach Limmer, trat
in dem Wirthshause ab, und ließ die Leute, wie
im engsten Vertrauen, benachrichtigen, der Schwe=
den=König sei gegenwärtig, um ihren Prediger
zu hören, wolle aber nicht erkannt sein, und wie
sie deswegen die höchste Verschwiegenheit zu be=
obachten hätten. Die Einwohner waren ihrem
Seelsorger viel zu getreu, als daß sie ihm dieses
nicht augenblicklich hätten hinterbringen sollen,
und der Opfermann eilte mit einem Gesichte,
auf dem eine Botschaft von äußerster Wichtigkeit
ausgedrückt war, und ganz außer Athem auf die
Pfarre, mit dem Anbringen, der König von
Schweden sei im Dorfe, und werde in die Kirche
kommen. „Schaulmester“, sagte Sackmann, „syt
„jy denn so einfälbig, dat jy so wat glövet?

„Syt doch keen Kind! de König will uns nich
„komen. Saat hübsch na der Kerke und lüet:
„wy wilt in Goddes Namen ball anfangen."

Unterdessen hatten einige Neugierige Gelegenheit
gefunden, den angeblichen König zu sehen, und
zum Unglück war er von dem einen oder dem
andern erkannt worden, welche ihrem Lehrer die
wahre Beschaffenheit der Sache schleunig hinter=
brachten.

„Das hebb ek wol dacht", sagte der Alte, „de
„Lüde sind nich kloof, dat se solke Pussen maken."

Während des Gottesdienstes hatte der Aßel=
macher in einem stattlichen Kleide und zierlich
frisirt, in der Mitte seiner Begleiter, der Kanzel
gerade gegenüber Platz genommen, und machte
eine sehr ernsthafte Grimasse, um das Ansehen
der Großen nachzuahmen, so wie er es etwa bei
dem Maaßnehmen zu einer Allonge mogte be=
merkt haben, und die Aufmerksamkeit der Ver=
sammlung war unter dem Lehrer und dem Manne
aus der Residenz ziemlich getheilt.

Es war der dritte Sonntag in den Fasten,
da im Evangelium die Blasphemie der Juden
und der Name Beelzebub vorkömmt, welches

Wort Sackmann seinen Zuhörern erklären wollte.
Die Erklärung fiel sehr faßlich und für die an=
wesende hohe Person ungemein eindrücklich aus.
„Beelzebub is een fremd Woord ut der Syri=
„schen Sprake, dat jy wol nich kennen weret.
„Vor etliken Jahren hev ek't ju schon mal seggt,
„aber jy mögt et wol wedder vergäten hebben.
„Beelzebub sall soveel bebüden, as een Fleigen=
„Könnig, so nennden de Juden damals den bö=
„send Fynd ut Verachtung. Se wußten, dat he
„en hoffärdigen Geist is, de nich Ehre genoog
„krygen kann, und wollden öhn damit recht krän=
„ken, wenn se Beelzebub to öhm säden. Du
„wult doch geerne een Gott syn, so magst du
„denn een Könnig over de Fleigen syn, so hest
„du doch wat to befehlen. Seit mal, mine le=
„ven Kinner, dat kummt my eben so vör, as
„de Kerel, de da gegen my över, in dem bla=
„gen Kleede sitt, de denkt ook, et schall glöven,
„he were de Könnig von Sweden, un et is doch
„mant een Prückenmaaker ut Hannover. Ja du
„magst my wol be rechte Könnig syn, du dumme
„Beelzebub. Bist du darum her komen, dat du
„my olen Mann tom Narren maken wulst, so

„häbſt bu man können to Huus bliven, bu bon=
„nerſche Haarklöver bu! Nun wollen wir wie=
„ber zu unſerm Text kommen."

Ehe man aber wieder zum Text kam, ſo
hatte bieſe Epiſobe bei bem Titularfliegenkönig
eine ſtarke Senſation hervorgebracht, ſo baß er
wünſchte, über alle Berge zu ſein. Denn die Ge=
ſichter aller Zuhörer waren nun auf ihn ge=
heftet, unb aus ihren Zügen faßte er die Ver=
muthung, baß ſie die Beleidigung fühlten, die
ihrem Lehrer war zugefügt worden. Er fanb
es alſo nicht rathſam, ſo lange zu warten, bis
die verſammelte Gemeinde auseinanber ging; ſon=
bern hob ſich in ber äußerſten Zerſtreuung nebſt
ſeinem Gefolge, ſo geſchwinb als möglich zur
Kirchthür hinaus, mit ber Verſicherung, baß er
bem Sackmann in ſeinem Leben nicht wieber=
kommen wolle.

Enblich finbe auch eine Anecbote hier Platz,
welche für ächt*) ausgegeben wirb, unb die Weiſe
unſers Sackmann vollenbs charakteriſiren mag.

Zu ſeiner Zeit kam bas Tabacksſchnupfen

___

*) Im Theol. Lit. Blatt zur Allgem. K. Z. 1823. Nr. 28.

auf; Sackmann aber hielt es für unschicklich,
daß dieser neue Gebrauch in die Kirche einge=
schwärzt wurde. Unter den vielen neugierigen
Zuhörern, die von Zeit zu Zeit nach Limmer ka=
men, um sich an seinen Vorträgen zu ergötzen,
befand sich einst auch ein gewisser Advocat Red=
dersen, der sich ohne Umstände in die Weiber=
stände gesetzt hatte, und dem Schnupftaback schon
sehr ergeben war. Da er nun beim Anfangs=
gebete und Vorlesen der Epistel, indeß Jeder=
mann aufgestanden war, allein sitzen blieb, um
von Zeit zu Zeit verstohlen eine Priese zu neh=
men und dies Sackmann gleichwohl gewahrte,
hielt letzterer plötzlich inne und rief jenem mit
starker Stimme zu: "Snüffler! gieb Gottes Wort
„die Ehre und hebe dich!" — Reddersen blieb
gleichwohl sitzen und schnupfte von Neuem. Da
hielt Sackmann wieder inne und rief noch stär=
ker als zuvor: „Snüffler ich sage dir nochmals,
„gieb Gottes Wort die Ehre und hebe dich." —
Da aber auch auf diese Ermahnung Reddersen
sitzen blieb, und, halb gebückt unter die Weiber=
stühle, zu schnupfen fortfuhr, rief Sackmann den
Kirchenvätern: „Hans und Kurt! kommt doch

— 14 —

„und helpt my den Snüffter dort mal vom Platze,
„damit dat he weit, dat he in de Kerke is!" —
Rebbersen aber fand nicht für gut, die Ankunft
dieser handfesten Männer abzuwarten, sondern
sprang in langen Sätzen zur Kirche hinaus.

––––––––

Es ist übrigens Sackmann ergangen, wie allen ächten
Volksmännern. Je mehr sie im Munde des Volkes leben,
desto mehr werden ihnen Worte und Thaten beigelegt, die
das Bild, das man sich von ihnen macht, zwar ausmalen,
und stets lebensfrisch erhalten, aber zugleich die historische
Person in Nebel aufzulösen drohen. Hinge Sackmann glück-
licher Weise nicht noch in der Kirche zu Limmer in effigie·
und dazu mit Tag und Datum seiner irdischen Existenz,
so könnte ein Skeptiker, wegen der vielen falschen Angaben,
die sogar über die Zeit seines Lebens gemacht sind, seine
Existenz leicht in Zweifel ziehn. Zu den Worten, die von
Sackmann herrühren sollen, gehört auch eine angebliche
Inschrift an dem Thorwege des Kirchhofs zu Limmer,
welche lautet:

Hier ligget use leiven Olen,
Herr, lat-se dek syn wol befolen!
Denn, wenn se sollen wedder upstaan,
Sau mößten wy alle von Huus un Hof gaan.

sowie auch eine Inschrift, welche sich auf seinem Leichen-
steine in der Kirche zu Limmer befindet. Sie lautet folgen-
dermaßen:

Mein Sinnbild war der Mond, mein Zorn oft Jonas-Stellen,
Ein Jacob war ich recht dem Uebertreten nach,
Die Hand war Israels, der Mund in vielen Fällen
Sprach Simei das Wort, oft kämpften Lieb und Rach;
Dieß ist der Welt bekannt, dir aber Herr am Besten.
Drum hehl' ich mit der Schaar der Heiligen nicht die Schuld.
Ich nenne billig mich darum der Sünder größten,
Herr, Herr! ich weiß gewiß, daß deine Wunderhuld
Mein großes Thränen-Maaß in einen Sack gehüllet,
So ich vor meinem End' so schmerzlich drum vergoß.
Ich weiß, daß du mich hast aus Gnaden eingehüllet
In Christi Unschulds-Kleid, von allen Fehlern bloß.

Ein Wort aber, das noch als Sackmannsches im
Munde der Leute ist, ist ohne Zweifel ächt: „Jn Limmer
Je länger, je schlimmer! hat Sackmann gesagt." Es dient
als Sprichwort und eben darum zur Bezeichnung der zu-
nehmenden Verschlechterung der Menschen, der Zeiten u. s. f.
nicht bloß in Limmer. Doch gerade dieses Wort des Un-
muths mögte ich durch die Erfahrung widerlegt sehen, es
werde immer besser! in und — um Limmer!

Die Umschrift seines Bildnisses lautet:

Præsens hic imagine Jacobus Sackmannus,
Templi hujus præco indef.
Hannoveræ natus a. C. 1643 die 13 Febr.
denatus 1718 die 4 Junii anno
ætat. 75 minist. 38.

Für den Literator noch die Bemerkung, daß die Biographie (bis S. 12 oben) zuerst im Journal von und für Deutschl. 1786. 2ter Theil, S. 241 bis 243 erschien und hieraus ohne Angabe der Quelle, im Vat. Archive 1824. Seite 197 ꝛc. mit Beigabe der 2 Anmerkungen wieder abgedruckt wurde. Der Verfasser, der sich leider nicht genannt hat, schickt derselben die Bemerkung vorauf: „Sackmanns Andenken ist nicht allein in Limmer, sondern selbst in Hannover bei vielen Guten und Wohldenkenden noch in Ehren und aus deren Erzählungen und andern authentischen Nachrichten habe ich schon vor 36 Jahren Gelegenheit gehabt, von seinem Charakter und einigen Lebensumständen eine, wie ich glaube, richtige Kenntniß zu erlangen." Er konnte Sackmann um so eher richtig schildern, als er dem Zeitalter desselben so nahe stand, daß eine reiche und ungefälschte Tradition ihm zufließen konnte und mußte.

Sackmann's

gesammelte Predigten.

———

I.

Fragment einer Trauungsrede *)

über Sirach 32 v. 5.

Erret de Speel=Lübe nich! So, myne le=
ven Frünne, sprikt de wyfe Mann Sirach im
twei un dertigsten Kapittel, im föften Versikel.
Sirach was een Mann, de syne Klookheit nich
ut den Fingern sogen habbe. O nee! he habbe
vele gube Böker gelesen, un allen Saken in der
Welt flytig nadacht, un daby was he denn ook
een oold Mann worren, de veel erfahren habbe,
dat maakde et denn ook, dat he so klook spräken
konde. Ja, ball hebb' ek et vergäten, as he
noch een lüttek Junge was, da habbe öhn syn
Vader un syne Moder schon wakker angeföhrt,
un öhn alles Gudes leert; darum konde denn
een gub Mann ut öhm weren. Höre=jy wol! jy

---

*) Diefes ift 1) gebruckt im Journal von und für Deutsch-
land 1786, 2te Hälfte S. 243. 244. 2) Dann im Va-
terländ. Archive 1824. S. 205—207.
Sackmanns plattd. Predigten, 7. Aufl.

2

mötet jue Kinner to'r Schole schicken un to
Huus möt=jy se to allem Guden hübsch anho=
len, sonst wilt se all myn Lävedage nich kloof
weren, un so weret se ook solke Henkers=Kin=
ner, as ek schon etlike in myner Gemeene hebbe.
Na, wat sä'e de ole wyse Sirach? He sä'e:
Erret de Speel=Lüde nich! Wat mögt
dat vör Speel=Lüde syn, de man nich erren
solde? Et gift mancherlei Speel=Lüde in der
Welt, de man averst wol erren darf. Sei't
mal, wenn se da so in dem Kroge üm den Disch
herum sittet, un met Kaartgen un Wörpelken
ganze leve, lange Dage un ganze Nächte her=
dorch speelet, supet un floket, dat sek de Erd=
boden updoon mögte, da verspeelet se denn öhr
Geld, un öhren Fruen un Kinnern dat Brod,
ook wol de Koie darto, un da geit denn alles
darunner un daröber, bet dat se met den Deri=
gen an den Beddelstaf komen sind. Solke Speel=
Lüde mag wol Sirach nich gemeent hebben.
Nee! nee! sol'e Düvelskinner solde man ja wol
erren un da solde use Ammann hübsch Achtung
up geven. _ Da haben wir die Landes=
Verordnungen gedruckt und sie sind an=

geschlagen, und ich habe sie auch oft von
der Kanzel abgelesen; aber wanne! wanne!
wo schöne werd drober holen!

Et gift ook noch andere Speel=Lüde, de
man averst wol erren darf. Wenn da Steffen
Hartwig un mynes Nabers Velten syne Kinner
up dem Pingstanger herüm springet un öhr
Speel maket, warum solde man de nich erren?
Könt se doch wedder van vören anfangen.

Wat mögt et denn nu aver vor Speel=
Lüde syn, davon de gute Sirach sprikt? Et
will't ju seggen: dat syn de Lüde, de da so
herüm sittet, un met ören Gygen und Floit=
gen, met Harfen un Zittern un Trumpeitgen
eene Gesellschap lustig maket. Oehr Grootvader
hat Jubal heten, im 1 B. Mose 4.

Ja, de Lüde solde man nu nich erren;
wenn se speelet, so solde man nich dartwischen
kakeln, sondern hübsch to hören, un nich met
enanner so lude pralen, as etlike Flaamsnuten
so pleget.

Nu so denket denn hüte up der Hochtyd
ook hübsch daran, wat ju de ole, leve Sirach
seggt, un erret de Speel=Lüde nich! Weet=jy

noch wol, wo et up Kaßper Tylmanns syner
Hochtyd herging? O, wanne! wanne! wat was
da vör een Toſtand! da habben ſe den Speel=
Lüden den Feddelbogen met Talg inſmäret, dat
Trumpeitgenlokk habben ſe öhnen met een Sch—tt
toſtoppet, dat ſe nich meer ſpeelen konden*). Averſt
dat gaf een Freten vör uſen Ammann! denn
ſe ſlögen ſek einander de Köppe grülik entwei,
dat dat Bloob dikke ümher floot, un da moſten
ſe denn tapper in de Büſſe blaſen. Da nemet
ju nu hübſch vör in Acht un erret de Speel=
Lübe nich!

---

*) Da man hier weder einen Beitrag zu der Predigerbibli-
othek und noch weniger eine homiletiſche Anweiſung er-
wartet; ſo befürchte ich nicht, daß Jemand an der letzte-
ren Stelle dieſes Fragments weder ein religiöſes noch ein
Wohlſtands-Aergerniß nehmen werde. Das Wort σκύβαλα
kommt ſelbſt in einem heiligen Buche vor, nämlich in Ep.
ad Eph. C. III. comm. VIII. und die Bedeutung deſſelben
iſt aus Ed. Leigh. Critica S. p. I. p. m. 300. a. aus Er-
neſti Lex. Gr. und anderen bekannt. Unſere heutige De-
licateſſe erlaubt manches nicht mehr, woran man in der
Vorwelt gar nichts Anſtößiges fand.

II.

Eine Leichen-Predigt.*)

Gehalten

zu Limmer bei Hannover

vom

Herrn Jobst Sackmann,

Prediger daselbst

Bei der Beerdigung

Michel Wichmanns,
wohlverdienten Küsters und Schulmeisters daselbst

———

———

*) Diese ist zuvor gedruckt im Vaterl. Archive 1819. S.
55 rc. S. 113 rc.

Gar fünberlikke un merkwürbige Woorbe fünt et, myne anbächtige, herzlich geliebte, zum Theil fchmerzlich betrübte Zuhö= rer! welke wy by bem eerften unber ben veer groten Profeten, ek meene ben heil. Profeten Efaias, upgetefnet finben, wen he fek alfo ver= nemen let: „Es fpricht eine Stimme Pre= bige! unb er fprach: Was foll ich pre= bigen? Alles Fleifch ift Heu!" Düffe Woorbe ftaat befchreven im veertigften Kapittel, bafülves im fößben Vers.

Myne Anbächtige! Ek will my nich wyb= löftig inlaten, to ünnerföken, un ut büffen Woorben to bewyfen trachten, bat et fchon to Efaias Tyben in Gebruuk wefen, felig verftor= venen Perfonen eene kriftlikke Lykenprebbigt, ober weinigftens eene Stanbrebe to holen, un bat bat vellicht fchon bamals ben leven Profeten as en pars salarii met angeräknet worben, ba jy anebem facht benken könt, bat ek von ufen

fel. Schaulmeſter vör düſſe Moie niks nemen
were, ſondern ek will man ſau veel ſeggen: as
ek an vörrigen Frydage, da ek noch an Diſche
ſat, un eben myn betken Stockfiſch mit grönen
Arften to Lyve brocht hadde, un een Slüksken
Kümmel-Aquavit darup ſetten wolde, zu beſſe-
rer Verdauung der lieben harten Speiſe,
myne jüngſte Dochter Anntrynken togelopen kam,
un ut vollem Halſe reip: Papa, de Schaul-
meſter is dood! (Se hedde wol toiven mögt,
bet dat ek de Maltyd ſloten hedde, averſt de
Kinner verſtaat dat ſo nich.) Aſſe myne Doch-
ter, ſegge ek, my dat toreip, ſo düchte my dat
eben ſo veel to ſyn, as wenn da ſteit: Es ſpricht
eine Stimme: Predige! und er ſprach:
Was ſoll ich predigen? Alles Fleiſch
iſt Heu! Manch wysnäſige Kumpan möchte hyr
ſeggen: „Wat preddigt unſe Paſtor? Iſt alles
Fleiſch Heu, ſo mot ook wol alles Heu Fleiſch
weſen!“ My dücht aber, he wold’ eene kruſe
Näſe maken, wenn man em up der Köſte an-
ſtatt Fleiſch, Heu vorſätte. Ja, dat hedde ek
ook Dorſake, du grove Geſell! Solſt du dynen
Seelenhirten ook wol vor eenen Heu-Oſſen an-

seen! Daby fühst du eben, wo unentberlikke
Lüde Lerer un Preddiger sünt, üm de Woorde
recht uttoleggen. „Alles Fleisch ist Heu"
will so veel seggen: Alle Menschen sind
wie Heu, sind so vergänglich wie Heu,
oder, as de krisllikke Kerke singt: „Alle Men=
schen müssen sterben, Alles muß ver=
gehn, wie Heu." Alle Menschen, kei=
nen utgenomen, as Henoch un Elias; averst
een oder twei Swaalken maket keinen Sommer.
Ja, wenn sek de Dood mit Gelde wolde af=
kopen laten, so däbe manch Schrap=Hals fy=
nem Harten noch wol eenen Stot, un telle een
Dusend Dalerken af, un wenn et ook luter
Wilbemannsdrübbel wesen möst en; averst be Dood
let sek de Hand nich smären; he maket et as unse
Schaulmester, de plegde to seggen: „Wat Veb=
der! wat Fründ! Junge trekk de Bören af!"
De Dood let sek ook dorch Solbaten, dorch
Hellebarben un Flinten nich afschrekken; nee!
saune ole Hore is he nich!

Up dem Slotte to Hannover is immer
eene starke Wache, averst se het öhn doch nich
afholen kunt, dat he nich in de förstlikken Ge=

makke hinin drungen un nich alleen alle förſt=
liffen Kinner un Gemalinnen, ſündern ook
den Landesheren ſülveſt overwälbiget het. Up
düſſem Slotte wonede as eek noch een Schöler
was, de Hertog Georg Wilhelm. Averſt wo
is he bleven? Mortuus est! — As düſſe, na
ſynes öldeſten Broders Doode dat Förſtendom
Zelle antrad, ſo troffe ſyn Brober Johann
Friederich up dat Hannoverſche Slott; averſt wo
is he bleven? Mortuus est! Düſſe wolde dat
Zelleſche Förſtendom ook lever hebben, weil et
een betken meer inbröchte; ſe troffen ook ſchon
gegen einander to Felde, dat er ball ſo een
Pannekokenkryg ut entſtaan wöre; averſt gode
Lüde legben ſek in't Middel, (Lieben Her=
ren, wie habt ihr doch das Eitle ſo lieb!
ſagt David im andern Pſalm) dat alles
vergeven un vergetten was. Un dat is ook am
beſten. Friede ernährt, Unfriede ver=
zehrt. Düſſe Johann Friederich was een braaf
Mann, utbenomen dat he katholiſch was; da
kregen de Paters de Slott=Kerle in, un leſen
dar de Miſſe, dat gaf een grot Upſeen in Han=
nover; ek ging er ſülveſt mannigmal hen, as

ef noch so'n junf Bengel was, deils, God mag
my de Sünde vergeven! pur ut Nieschierigkeit,
deils ook, de schöne Musik antohören. Ja, dat
kann ek seggen, as ek se to'm eersten Male hö=
rede, so dachte ek nich anders, as dat ek im
Himmel wöre; so kunnen de Bloodschelme quin=
keleeren! Ole Kerels von dörtig, veertig Iaa=
ren sungen eenen Discant so hoog, so hoog as
de beste Deeren; dat maakd' averst, dat se ka=
punet wören, dergleichen Leute sie in ih=
rer Sprache Castraten heißen. Seet een=
mal! wat lacht boort de beiden groten Deerens
met einander? vellicht daröver, dat ek von Ka=
punen segge? Ef glöve, je wetet ook schon, wo
Barteld Must halet, un jük wöre wol met so
eenem Kerel nich gedeenet, un wenn he noch so
schöne Stüksfens sünge! So eenem armen Schelme
is wol nich lachhaftig to Mode. Wie ein
Verschnittener seufzet bei einer Jung=
frauen, sagt der weise Salomo. Ef hol
et ook vör Unrecht, dat se de Minschen so ver=
stümmelt, of et glick waar is, dat se ganz vor=
dreflik singet. Doch dat gefäll mek ook nich, dat
se de Woorde so bulle utsproken; t'om Exempel,

wenn da ſtunb: Ceciderunt, ſo ſungen ſe Tſche-
tſchiderunt. Dat is jo een dummen Snakk;
welker Düvel ſall dat raben, wat bat heten ſall?
Weren ſe by unſem ſel. Schaulmeſter in de Schaule
gaan, de wull ſe anders baukſtabeeren leert heb=
ben. Ek hebbe my ſeggen laten, dat ſe in ganz
Italien ſo unbütſch ſpräken ſollen. — Na Her=
tog Johann Frieberich kam ſyn Brober Ernſt
Auguſt na Hannover. Averſt wo is he bleven?
Mortuus est! Düſſe Herr was averſt Lutheri-
ſcher Religion un. Biſchop to Oſenbrügge. He
habbe ook eene Fru, nach der Ermahnung
Pauli: Ein Biſchof ſoll ſein eines Wei=
bes Mann. By den Katholiſchen is et ſonſt
verboben, dat de Geeſtlikken Fruens hebben börft,
averſt Horen börft ſe wol hebben; doch, ſachte
wat! ek ſull wol nich Horen ſeggen, dat is to
groff; de höflikken Lübe hetet et Maitreſſen. Ja,
ek bin nu ſo noch na der olen Welt; da heet man
een jebes Dink by ſynem rechten Namen, un
my bücht, ſo ſtunb ook noch alles beter to.
Jetzund averſt, da een Futterhemb nich meer Fut=
terhemb, ſünbern eene Weſte heet, da eene Karete
nich meer Karete, ſünbern eene Chaiſe, eene

Hore eene Maitreſſe, un een Stück Schelms een
Politiker heet, nu is dat Beſte van der Welt
af. — Da nu be Doob de Förſten, Kaiſer un
Könnige nich mal verſchonet, wat is et denn
to verwunnern, dat he ſek an unſem Schaul=
meſter ook vergrepen het, of he glyk ehr een
lank Leven verdeine, as mannig Förſt un Kön=
nig, de met ſynen Underdanen ümgeit, as of
ſe Hunne wören. Unſe ſel. Schaulmeſter was
een ſehr nützlik Mann im ganzen Dörpe. Es
ſind zwar auch andere Hirten, alſo hat
man Kauhirten, Schaaphirten, Swynehirten;
man het ook Göſehirten; wie man aber zu
dieſen letztern insgemein nur Jungen
oder Mädchen nimmt, und ſie alſo den
andern Hirten nicht gleich hält, alſo
dörf=jy ook nich meenen, een Hirte is een Hirte,
as jene Mann ſäe: een Ei is een Ei! un nöm'
dat grote Ei vör ſek.

Nee! vörwaar ſo grot de Underſcheid is
under Schaapen, Swynen, Oſſen un Minſchen,
ſo groot is he ook under Seelenhirten un an=
deren Hirten. Een ſolke Seelenhirte was denn
ook unſer ſel. Mitbruder, jedoch wie

schon gedacht, in einem niedrigeren Ver=
stande, als ich, der ich summus epis-
copus, der Oberhirte dieser Limmer=
schen Heerde und Gemeinde bin. De gude
selige Mann habbe de jungen, ek hebbe de olen
Seelen under myner Upsicht; he weide de Läm=
mer, ek de Schaape. Ja, Schaape günge noch
wol an, wenn man nich sau veele Böcke un
Zägen darunner wören! diese machen einem
armen Seelenhirten das Leben sauer,
daß er manchmal mit dem Propheten
Jonas seufzet: Ich wollte lieber todt
sein, denn leben!

Unse sel. Schaulmester empfund ook syn
Deil; man weet wol, wat dat is: Jugend
hat keine Tugend! Averst he was er braaf
achter an, wenn se maudwillig wören, oder öre
Lekschonen nich leert habben. He gink aber nich
met se üm, as een Böbbel, oder Tyrann, de se
schinnen un fillen wull, oder so alle över eenen
Kamm schoor. Nadem eener sündigede, nadem
word he straft. Erst kreeg he Ohrfygen, herna
Handsmette, oder Kniepkens, dann kreeg he ee=
nen lebbernen Ars vull (den toog he öhme ganz

stramm in de Höögde, dat dat Hinderkasteel ganz
prall worb) met dem Stock vör de Bören, un
wenn he et gar to groff maakt habbe, endlik
eenen rechten met der Raude vör den bloten
Steert, nach der Ermahnung des weisen
Königs Salomon: Wer sein Kind lieb
hat, der hält es unter der Ruthen. De
Rauden habbe he vorher in't Water leggt, dat
se beter dörtroffen; und de Strafe is ook am
besten; da beholet de Jungens heile Knoken by.
He habbe eenen besondern Handgriff daby; wenn
de Böre herunner was, so kreeg he den Jungen
twischen de Beene, slaug syn rechte Knee over
öme her, met der linken Hand heilt he öme dat
Genikke nedder; da habbe he öhn in syner Ge-
wald, dat he keenen Spalks maken kunne, wenn
he met der rechten Hand hauede. Dat hebbe ek ook
noch van öme leert un by mynen Kinnern ook so
maakt; denn artifici in sua arte credendum est.
Mannigmal mosten se sek ook wol met dem bloten
Knee up Kirschensteene setten, un dat hulp by
etlikken meer as Släge; na der Regul Pauli:
Prüfet alles und das Gute behaltet!
He heilt averst nich alleen gude Tucht by synen

Lämmern, fündern he weide fe ook fo, dat fe wat
lereben. Veele ünner jük jungen Bengels wörren't
fo wyd nich brocht hebben, datt fe et mannig=
mal wettet, wenn ek en Vers, oder Kapittel un=
recht anföre, wenn fe nich fo en glabben Schaul=
mefter hat hebben! de was bibelvaft un he wuft
et glyk, of en Book im nyen, oder olen Tefta=
mente ftund, un wen eener by öhme niks lerede,
fo lag de Schuld nich an öhme. He was ook
nich een Schaulmefter na der gemeenen Art;
nee! een puar Mylen wyder von der Stad
hebbe he to'r Nood eenen Paftor afgeven kunt,
wenn he man wöte up Unverfteiten wefen! De
andern Predbiger up der Naberschap heft fek fa=
ken over öhne wunnert, wenn fe öhne reden hör=
den, un to my fegget: Herr Confrater! (fo
nennet my Predbigers uns under einander) wo
het he den klooken Schaulmefter herkregen? Saune
Gäfte plegget den Paftoren veel to daun to maken,
averft dat däde he nich, de fel. Mann; he gaf
my alltyd mynen Refpect, als feinem Ober=
haupt, nach der Ermahnung Pauli:
Ehre, dem Ehre gebühret! Römer am 13.
By uns droop dat Sprikwoord in: Ole Leve

ruſtet nich! Denn ek hebbe öhne ſchon keent, as
ek noch up de hoge Schaule to Hannover ging;
da was damals Rector, Herr M. David Ery-
thropilus, das iſt ſo viel, als Rothhaar;
denn ehemals war das die Gewohnheit
der Gelehrten, daß ſie ihre deutſchen Na-
men in's Griechiſche, oder zum wenig-
ſten in's Lateiniſche verwandelten. My-
nem ſel. Vader woord et ook raben, he ſchull ſek
anſtatt Sackmann, Saccander, oder up Hebräiſch
Sackisch nennen (denn jy möten weten, dat
dat Woord Sack in allen Sprachen in der
ganzen Welt einen Sack bedeutet), averſt
myn Vater ſäe, he wull nich anders heten, as
ſyn Vader un Grootvader heten habben, un my
ducht, he däbe recht daran, dat he ſynen Namen
nich verännere. Omnis enim mutatio peri-
culosa. Düſſe M. David Erythrophilus, ein
Vater unſers jetzigen Herrn Oberhof-
predigers, was een geleert Mann, een guben
Dialecticus, und een animal disputax. Myn
Vader habbe eenen Breef an öne ſchreven, tat he
my boch to eenen hospitio verhelpen mögte, un en
braven, fetten Puberhaan daby ſchickt, welchen

man sonst auch wohl einen Consistorial=
vogel zu nennen pflegt. Aß ek in syn Huuß
kam, drap ek up der Dele eenen met dem
Mantel an; be froog my, wat ek wull? un säe,
dat he Vicecustos wöre. Jy mötet nich meenen,
dat dat een Törk wesen iß, wyl törksche Bonen
un Vicebonen einerlei iß. Ihr werdet wohl
eher von einem Vicekönig gehört ha=
ben; wie dieser so viel ist, als der halbe
König, also ist jener so viel als der
halbe Custos, und dieses ist so viel, als
ein Hüter, der auf alles ein wachsames
Auge hat, de na Füer un Lucht süht, wo=
von auch das deutsche Wort Küster her=
kommt. Düsse melde my denn by dem Rec-
tore. Aß he de Döre upmaakde, säe he to my:
Accede subjectum! Ek funk an to beben aß
een Eßpenloof un dachte: Snakket de Vicecustos
schon Latyn met dy, so werd de Rector wol
gar met Grekisch angestokken (angestegen) komen!
Averst God gaf Gnade, dat ek in dem examine
wol bestund, un in mynem exercitio boven
3 oder 4 vitia grammaticalia nich weren, wo=
rup he my vorerst in Secunda sette, wo de

Subrector un Conrector ein üm't anner infor=
meeren. He bedankde sek vok ganz fründlik vör
den Puderhaan. Nam gratiarum actio ad
plus dandum est invitatio. Ek kreeg ook
glyk een hospitium up der Sagemöle, un de
Hospes was een recht gud Mann, averst dat
Wyf döchte den Düvel niks; et was een recht
Hinderveerdel vom Satan und hadde den Haud
un de Bören, as ja leider de meisten hebbet by
düssen leßten verdorvenen Tyden! gegen den
ausdrücklichen Befehl, der ihnen bei der
Copulation vorgelesen wird: „und er
soll dein Herr sein!" Myne Fru wull dat
im Anfange ook so maken; wenn dat nich alles
na örem Koppe ging, so paue se my de Ohren
so vull! se versoltede my de leive Goddesgave,
oder leit se anbrennen! wenn ek öhr wat befoh=
len habbe, so däde se grade dat Gegendeil un
wull my herna bereden, ek hebbe et sülvest so
hebben wullt! sull se my den Kragen ümmaken,
so bund se immer so een paar Nackhaare mit
henin, dat et my, wenn ek in Bewegung kam,
een groot Knypen veroorsake! Ek sach dat so
eene Wyle met Gebuld an, as et sek averst nich

ännern wull! da dacht ek: sagte Raad! Mannes
Hand hört boven! un bruukde myn Recht, as
et sek höret und gehöret. Wanne! wat kunne
se gude Woorde geven! Syd der Tyd is se smy=
dig wesen, dat ek se wol hebbe üm een Finger
winnen kunnt, un wat se my an den Ogen
anseen kann, dat deit se. So ball ek des Mor=
gens upstae, so is myn warm Beer parat; se
fragt: Vader, wat will = jy äten? sall ek ook
wat ut der Stad bringen laten? und dat Harte
lacht öhr im Lyve, wenn se süht, dat et mek smekkt.
Ja, vor düssem kunn ek ook wol mynen Mann
staan; unse Supperndent un Ammann hebbet sek
mannigmal over my wunnert, wenn wy by Visi=
taschonen tosamen kämen, un to my seggt: Gott
gebe es Ihm zu Gute, Herr Sackmann,
wie kann Er essen! averst by solken Gelagen
deit man denn ook wol een betken meer, as wenn
man alleen is; dat kummt nich alle Dage. Ek
daue wat Paulus seggt: Wartet des Leibes,
doch also, daß er nicht geil werde! Nee,
dat sall my keener naseggen, wat etlikken von
mynen Brödern in Kristo (sull ek wol seggen,
averst in der Dad sünt et Schelme in folio)

naseggt werd, dat een eerlik Hußmann syne Fru
nich alleen vör sek beholen kann.

Nein, ich bin meinem lieben Weibe
getreu, so wie sie mir getreu ist; es ist
unter uns ein Herz und eine Seele.
Wenn ich des Sonnabends aus dem lie=
ben Beichtstuhle zu Hause komme, und
müde bin von dem vielen Reden, (denn
viel Predigen macht den Leib müde, sagt
der weise Prediger in seinem Prediger=
buche), so lasse ich mir ein Fußbad zu=
rechte machen von Kamillenblumen un
Weitenkleien; denn ek leve be Rennlichkeit, und
es hat mir auch ein berühmter Medicus
gesagt, daß es sehr gut sei für das
Haupt, da Lehrer und Prediger zwar
nicht mit den Händen so viel arbeiten
als ein Handwerksmann, oder Bauer,
aber gewiß ihr Haupt besto mehr brau=
chen und den Kopf anstrengen müssen,
solche hohe Sachen zu fassen und es
hernach ihren Zuhörern, worunter auch
viele Einfältige sind, klar und deut=
lich vorzutragen, wozu mir benn der

liebe Gott, ohne Ruhm zu melden, ein
gar besonderes Talent verliehen hat,
welches ich auch nicht vergrabe; oder
im Schweißtuche behalte, wie jener
Schalksknecht, sondern, nach meiner
Wenigkeit damit wuchere, und es in
die Wechselbank gebe. Zu reden mit
dem Evangelisten Lucä im 19ten Ka-
pittel. Wenn ich nun das Fußbad ge-
braucht habe, so leidet meine liebe Ehe-
frau nicht, daß eine Magd mir die Füße
abtrocknet. Wat! segt se, sull et dat lyden,
dat eene drekkrige Deern met ören graven Buur-
Füßten mynes Mannes bloten Lyf beroire, da
he ein Diener des Herrn is? Damit strikt
se dat Hemd van den Armen, settet sek up de
Knee, un droigt my de Foite af; se mut et serer
hille hebben, wenn se et einer von ören lyflifen
Döchtern öberlaten sall. Und das hat auch
nicht die Art mit denen; sie wissen sich
nicht so gut vorzusehen an gewissen
Stellen; denn ek bin mit den Kraien-Ogen
sehr geplaget.

De Deerens sünt sünst gut; se könt gut

spinnen und slikken, Gesadenes un Gebradenes
maken, un sull et ook eene Duven= oder Xanten=
Pasteide wesen; insünderheit kann myne Ann=
trynken eenen Karpen met der polnischen Brühe
torecht maken, trotz dem besten Kok to Hannover,
averst noch gar. to unvorsichtig un bullerhaft
sünt se. Nülik habbe my de aische Söge een
Glas ut myner Brill entwei maket, da ek eerst
in dem Jaarmarke in Hannover 8 mgr. vör ge=
ven habbe, wyl my de Brill so vordreslik tosäe.
Dat Gesicht fangt mek jetzunder sehr an to dre=
gen, dat ek dat anner paar Ogen nich meer
entbären kann; un wenn ek de Brill niet eenem
Glase up de Näse sette, dat let ook man so dull.
Mek fallt hyby in, wat günne Advocat to
eenem gewissen Präsidenten seggt habbe, de man
een Oge un een Brill up der Näse hab habbe;
as nömlik de Advocat da eenen groten Semp
hermakede, word de Präsident verdreetlik un
seggde: „Laß Er die Weitläuftigkeit alle
weg! Er weiß ju, daß ich durch den Tod
nichts Ueberflüssiges vertragen kann.“
Da antwoordet de Advocat: „So muß der
Herr Präsident auch das eine Glas auf

der Brille wegthun!" Dat mott en legen
Galgen weſt ſyn, de Advocat; of he averſt den
Prozeß wunnen het, dat is eene andre Frage.

Ja, un wenn ſe Männer krygt, de mögt
jüm dat afgewönen, wat nich dögt; ek hebbe
daan, wat an mek is, und meine liebe
Hauſehre auch, welches gar eine an=
dere Frau iſt, als meine ehemalige hos-
pita in Hannover; wie ſie denn auch
an einem Gallenfieber geſtorben iſt,
ohne Zweifel aus Aergerniß, weil ſie
ihren böſen Kopf nicht zwingen konnte.
In düſſem Huuſe word' ek bekannt met unſem
ſel. Schaulmeſter, de damals man een Current=
ſchöler was. Aber war nicht unſer ſel.
Herr Lutherus auch ein Currentſchüler,
der um's Brod vor den Thüren ſang,
und iſt dennoch ſo weit gekommen, daß
er mit ſeiner Feder dem Pabſte die drei=
fache Krone hat wackelnd gemacht? nach
der Offenbarung Johannes am 14. Ka=
pittel. Da habbe de ſelige Mann ſchon ſo
veel Vertruun to mek, dat he mek openbare,
dat öhme de katholiſchen Paters ſo naſtellen,

un öhne bereden wullen, he schölle katholisch
weren; se wullen öhne ganz nyb kleben, un et
schölle öhme an niks fälen. Ek averst säe tau
öhme: Hört einmal, Michel Wichmann!
was hülfe es dem Menschen, wenn er
die ganze Welt gewönne, und nähme
doch Schaden an seiner Seele? Daut,
wat jy daut, un fallet nich van der Wahrheit
af! Gob gaf ook Gnade, dat he sek an niks
kerede; un ek verhulp öme by dem Kantor, dat
he met in dat Schölerchor kam, da he meer
Geld verdeinde, un ook de Musik etwas leerde.
Wat he vör Coloraturen maken kunne, da=
von sünt jy alle Tügen. Als ek na Unver=
steiten toog, da satt he in Tertia, wo he ook
cen tämlik Fundament in Latyn leggt het, wo
jue Kinner den Nutzen von spoiret heft. Denn
he habbe immer welke, de de herlikften Sen=
tenzen und Sprüche uptoseggen wußten, to'm
Exempel:

Surge, puer, mane früh!
Quando bubulcus treibt die Küh;
Quando subulcus treibt die Schwein,
Sollst du schon in schola sein!

Da leerden be Jungens be vocabula met
Spelen, un eene schöne Ermahnung baby. Dat
hebbe ek jük oft by synem Läven noch seggt:
Wyd un syd is saun Schaulmester uppem Lande
nich, as Michel Wichmann. Wenn he be Pred=
bigt in ber Kerke herlas, so wußte he to rech=
ter Tyd syne Stimme to erheven, as eene Po=
saune, un to rechter Tyd leit he se webber fal=
len. Met ber Collecte het he syn Dage keenen
Pudel maket, as anberswo faken schüht. Mek
worbe nülik noch vertellt, bat to Ifenhagen
im Lüneburgischen, wo bat abelikke Jungfern=
kloster is, am ersten Wynachtsbage, ba twei
Prebbigten holen weret, be Pastor up ben Zeb=
bel, wo he be Gefänge upschrift, bes Namibbags
settet: Die Collecte. bleibt, wie sie bie=
sen Morgen gewesen ist. Wat geschüht?
As be Prebbiger vor ben Altar tret un singet:
Ein Kind ist uns geboren; Alleluja!
so antwoordet be bumme Düvel: Die Col=
lecte bleibt, wie sie biesen Morgen ge=
wesen ist; Alleluja! Wat meyn=jy? wenn
hier be Schaulmester so een bummen Streich
makebe, ek glöve, jy leipen stante pe na Hannover

un verklagden den Pastor met samt dem Schaul=
meſter vor dem Consistorio. Ja, ſo geht's
Undank iſt der Welt Lohn. Dat ſäe ook
be Supperndent, as ek hyr by jük infoirt
worde: „Eſelsarbeit und Zyſe'en· (Zeiſigs=)
Futter würren jy mek wol geven." Ek kann
mek twarſt eben groot nich beſweren, dat jy
mek wat enttogen heft, averſt dat wetet jy doch
ook wol, dat be Parre ſo indräglik nich is,
as ſe utropen ward, inſonderheit, wenn
man ein Häufchen lieber Kinder hat,
wie ich habe. Veele Swyne maket den Drank
bünne! Karſten Dalſleen habbe et twar gub im
Sinne; he hebbe et me? gern afdiſputeert, dat
ek nich ſo veel Swyne in de Maſt ſchicken
künne as ek wulle. Averſt, wo ging et öhme?
Was he nich in eener Stünne lebendig un dot?
Wo he gefahren is, dat mag he weten; ek will
öhne nich richten, averſt dat was doch mark=
würdig, dat ek eben moſte krank weſen, as he
ſolde begraven weren, un öhme alſo keene Ly=
kenrede kunne geholen weren, as ſünſt Wyſe
un Gebruuk is, tomal by ſo en Prinzipalburen,
as he was. Da ging et öhme as dem Könnig

Jojakim: „Man wird ihm nicht klagen: Ach, Bruder! ach, Schwester! Man wird ihm nicht klagen: Ach, Herr! Ach, Edler! Er soll wie ein Esel begraben werden." Ek leit öhne mal to my ropen, as he de Pußen anfung, un slaug öhme de Bibel up, wo da steit: „Du sollst den Ochsen, der da drischt, nicht das Maul verbinden!" 5 Buch Mosis am 25. Kapittel. He wolde my da twarst veel Inwendung maken, aver ek säe öhme düchtig Bescheid nach der Ermahnung Salomo's: Antworte den Narren, daß er sich nicht weise dünke!"

Met unsem seligen Schaulmester habbe he et noch slimmer vör. Et is von unbenklichen Tyden Gebruuk wesen, dat de Buren nich alleen dem Pastor, sündern ook dem Schaulmester eene gewisse Tal Eyer un eene brave, grote Wost alle Jaar gevet. Da wulle düsse Karsten Daksteen behaupten, dem Schaulmester dat to geven, wöre keene Schuldigkeit, sündern eene Gutheit, un he möste alle Jaare etlicke Weken vörher drüm anspreken. He fraug mek üm Raad. Ek

säe, he schölle dat nich daun, dat Consistorium
wolde öhme schon bystaan. Wat geschah? Kar=
sten Daksteen makede dat ganze Dörp rabbel=
köpsch, un as de Schaulmester syne Eyer af=
halen wolde, da habbe'r eene Ule säten. He
moste glyk een Memorial an't Consistorium
overgeven, averst de Buren staken sek achter den
Ammann; düsse was mek damals ook eben up=
settig, dat de Sake up de lange Bank kam.

Ek vergete et myn Dage nich; et was
uppen Sünndag Lätare des Abends, as ek
myne leßte Pype Tabak smökede un mynen
Stummel even weglegen, und mit meiner
lieben Hausehre zu Bette gehen wollte,
da woord een Geschricht im Huuse: „de Schaul=
mester un Karsten Daksleen wullen eenander
im Kroge ümbringen." Ek smeet glyk mynen
Priesterrock over, damet se meer Respect vor
mek hebben, un ging so, as ek was, im Bost=
book met der Müße un up Tüffeln na dem
Kroge, habbe aber eenen davon ball unerweges
in Drecke stecken laten, wyl et stark geregnet
habbe.

As ek dahen kam, habben se eenander noch

in Haren un wären so vergrellt up eenander, dat se my gar nich gewar worden, un habben sek ook de Ogen so dick slagen, dat se nich heruter seen kunnen. Dat ging: ligge unnen, ligge boven! bald behoolde de Schaulmester, bald Karsten Dakfteen de Oberhand. Ek sach dat so en Wylken an; endlich säe ek: Pax vobiscum. Averst se wuften vör Dullheit nich, dat ek et was, bet dat ek endlik säe: Schalom lecha. As de Schaulmester dat Hebräische hörde, so kunn he endlik wol denken, dat et keener anders, as de Herr Pastor syn künne, un leit gliks los. Ek wufte wol, wer de meifte Schuld habbe, darum säe ek: Michel Wich= mann! woröver hat de grove Osse met ju an= fungen? dat is ohne Twyvel över de Eyer herkamen! „Ja, Herr Gevadder! säe he (ek bin Vadder to synen öldeften Söne) Karsten Dak= fteen seggt un flöket: se hebbet mek de Eyer affneden un so wöre ek vörwaar en elennen Kerel!" Dat schölt se wol blyven laten, säe ek, Michel Wichmann! da will ek schon en Stikken by steken; gaat na Huus un lat jue Fru jük dat Blood afwaschen, averst dek

haneboikenen. Runks will ek up den Sönndag
de Preddigt lesen! He kreeg et ook, as jy
alle wetet; habbe ek bether den Stab Sanfte
bruuket; so bruukde ek nu den Stab Wehe
und wyl't nich anners syn kunne, so beet ek
in eene harde Nott, ging hen to'm Ammann,
un verdroog mek met öhme; da worden nich
alleen dem Pastoren, sündern ook dem Schaul=
mester syne Eyer so faste maket, dat se keener
webder antasten werd.

Unberdessen will ek nich davör sweren, dat
düsse Sake dem seligen Manne nich een Nagel
to synem Sark wesen is. Denn wenn öhme
so wat begegnede, so säe he nich veel, aver he
fratt et in sek; un dat is veel schäbliffer, as
wenn et eener herut bullern kann, wie mir
Gott die Gnade gegeben hat, dafür ich
ihm nicht genug danken kann; denn
sonst läge ich längst auf dem Rücken,
bei der vielen Sorge, die ich meiner
Gemeinde wegen habe.

.Nun so so schlafe sanft in deinem
Grabe, du getreuer Hirte der Limmer=
schen Lämmer! ruhe aus von den vielen

Beſchwerlichkeiten, die du hier auf dieſer böſen Welt von Alten und Jungen ausgeſtanden haſt. Sollten auch gleich Andere ſo undankbar ſein, und die Wohlthaten, die du dieſer Gemeinde erwieſen haſt, nicht erkennen, ſo tröſte dich damit, daß ich dein Oberhirte, der es doch wohl am beſten verſtehen muß, das Zeugniß ablege:

Michel Wichmann iſt nächſt dem Paſtor der nützlichſte Mann im ganzen Dorfe geweſen.

———

III.

Eine Leichen-Predigt.

Gehalten

zu Limmer bei Hannover

am dritten Pfingſttage 1718

bei Beerbigung

Hinrich Rottelmanns,

gewesenen getreuen Kirchenvaters,

von

Herrn Jobſt Sackmann,

Prediger daſelbſt.

––––––

Nro. III. ist gedruckt 1. als Flugblatt:

„Eine Leichenpredigt gehalten zu Limmer bei Hannover ꝛc. Welcher mit beigefügt ein Auszug aus einer andern Predigt ꝛc. Frankfurt und Leipzig bei J. Dan. Süßemilch. 4. 2 Bog. Hierin ist außer Nro. III. auch Nro. IV., sogar (obgleich auf dem Titel nicht bemerkt) auch Nro. V. (Auf der Herzogl. Bibliothek zu Wolfenbüttel.) Hieraus

2. im Journal von und für Deutschland 1786, Theil 2. Seite 125. 128.

3. im Vaterl. Archiv 1820. Seite 46 ff.

In einer Handschrift, die dem Herausgeber zu Gebote stand, wird der Kirchenvater Heinrich Lüllemann genannt.

Jene Drucke geben auf dem Titel zwar die Jahreszahl 1713 an; es muß aber 1718 heißen, weil die zwei Zeitbestimmungen, die in dieser Predigt vorkommen (er sei 36 Jahr alt in Limmer Pastor geworden, und daselbst 39 Jahr), diese Zahl fordern.

Exordium.

Es hatten vor Zeiten die Römer die Gewohnheit, daß sie an dem Wege Pfähle setzen ließen, woran geschrieben war, wohin die Wege gingen, gegen Osten, Süden, Westen und Norden. 'Das war eine gute, feine Ordnung; zum Exempel: Es wäre hie ein Handweiser gesetzt, darauf stünde, dies ist der Weg nach Hannover, hier gehet man nach Bremen, dort nach Hamburg, da nach Minden ꝛc. ist sehr gut, und ein Zeichen einer wohleingerichteten Republik. . So findet man auch solche Handweiser bei denen Städten, die weisen nach Lyon in Frankreich, nach Lissabon in Portugal, nach Copenhagen, Danzig, und wie die Städte mehr heißen. Beim Luc. 13. hat der liebe Gott einen solchen Handweiser gesetzt, der uns zwei Wege zeiget, einen zur Rechten, den andern zur Linken; der rechte Weg ist enge,

4 *

enge, enge und bloot wenig finden öhn; de
Weg to'r Linken is wyd, hoog un breed, un
wanne, wanne! wo veel loopt up demfülven na
dem Düvel hento. Luc. 13. Seet ju wol vör,
dat jy den rechten Weg drepet! un deswegen
hat Gott, der Herr, Lehrer und Prediger gege=
ben, daß sie sollen ihren Zuhörern den rechten
Weg weisen. Nu, dat will ek ook doon. Seet
dar lyk vör mek is de Avend, achter mek is
de Morgen, vör mynem Gesicht to'r Rechten
is Middernacht, to'r Linken is Middag. De
Weg lyk to gegen Avend, den möt=jy nich reisen,
denn dar ligt Holland un England, un dar
fünt gottlose, böse Boven, da schinnt un scharrt
de Kramers un ook de Burfen, dat et eene
Schanne is; da rönnt se, da loopt se, un willt
met aller Gewalt ryke weren; averst dat fleit
jüm bloot feil! Ich fage nicht von Kauf= und
Handelsleuten insgesammt, sondern van den
Düvels=Kinnern, de da Dag un Nacht drup
denkt, wo se wilt ryke weren, da schinnt un
schabet se, dat et eene Schanne is, und eh man't
fek versüht, werd so een Kerel labeit un speelt
banquerot. Da kame=wy her, buet grote Hüser,

un bedreget manniger armen Minschen, wanne, wanne! wanne! wo will't sonen Bedregers noch gaan! Dat möt=jy nich doon, jy mötet nich gnzig wesen, denn Paulus sagt: Die da reich werden wollen, die fallen in Versuchung und Stricke 2c. Dar geit een Weg hen na Mid= dernacht, de Weg dögt den Düvel nich! O dar is et een koold, frostrig, schuddrig Oord. Es wohnet dahin die Dänemarker, Norweger und Lapländer, bloot wat is et een dar koold hen! da schöl=jy nich hen gaan! ihr müßt nicht kalt werden in der Liebe Gottes, sonsten kommt ihr hin an den Ort, davon der Heiland sagt, daß daselbst sein werde Heulen und Zähnklappen. Dorten geit een Weg hen gegen Middag, dar= hen ligt Frankreich, Spanien, Portugal, Italien un de swarten Düvels=Kinner, de Mohren sülvest, nemt ju wol in Acht, un reist dar nich hen! denn da sünt Horen un Ehebrekers, dat jy da nich met to doon krygt; denn die Huren sind ein offenbares Grab, sagt der weise Salomo. Da achter is noch een Weg, dat is de Weg gegen Morgen, den möt=jy gaan, denn dar steit de Altar, dar singe ek ool bat Gloria in

excelsis Deo; bar fegge ek: Der Herr fei mit
Euch. Da antwortet ihr: Und mit Seinem
Geifte. Ek fpreke den Segen: Der Herr fegne
Dich 2c. Da fprekt jy: Amen. Dat is nu de
rechte Weg. Vom Morgen erwarten wir die
Morgenröthe aus der Höhe, den rechten Morgen,
unfern Heiland Jefum Chriftum, demfelben. fol=
len wir dermaleinft entgegen gerücket werden,
deswegen werden auch die Todten fo begraben,
daß fie mit den Füßen gegen Morgen liegen,
wie wir unferm lieben alten Kirchenvater und
Kaftenherrn gethan haben, damit fie am jüng=
ften Tage defto eher wieder auferftehen können.
Nun wiffet ihr, meine Lieben, welchen Weg ihr
wandeln follt, ich habe ihn euch immer gezeiget,
und dann auch, was der Heiland fagt im heuti=
gen Evangelio: Ich bin die Thür zum Schaf=
Stall. Wir wollen demnach das Evangelium
vor uns nehmen, und daraus, dem feligen Mit=
bruder zu Ehren, vorftellen:

Tractatio.

Jesum, als die rechte Thür zum Schaf-Stall. Der Herr und Heiland hatte einen Blinden sehend gemacht, der blind geboren, bedenkt es wohl, daß ihr erkennet, was es für eine herrliche Gabe sei, gesunde Augen zu haben! Jesus macht einen sehend, der niemals des Tages Licht gesehen hatte! Jesus giebt dem ein helles Crystall, der niemals dieses Crystall gehabt. So gut es nun der Herr und Heiland meinte, so gottlos waren die Pharisäer und heillosen Schrift-gelehrten; sie sagten, du bist nicht der rechte Hirt, du verführest unsere Schafe. Darauf fing der Heiland an, ihnen zu zeigen, daß er sei der rechte Hirt, und nicht allein dies, sondern spricht auch: Ich bin die Thür zum Schafstall! Wahr-lich, wahrlich ich sage euch, wer nicht zur Thür hineingehet in den Schafstall, sondern steiget anderswo hinein, der ist ein Dieb und Mörder. Wanne, wanne, wanne! welke böse Schelme waren diese Schriftgelehrten und heillosen Pha-risäer; averst se sünt et nich alleen, et sünt

noch veel öhres Glyken! Man gae na Hanno=
ver, da kan man't seen. Da see=wy to, dat
wy eenen Doctor= oder Licenschaten=Titel kry=
get, legget grote, lange, mächtige Perücken to,
da allerhand lange Klunkern anhängt, dragt
ook wol een Damasten Camsol, un andere Bed=
delyen meer, hangt grote Manteln um, so fragt
denn be Lübe, wat is dat woll vör een Mann?
so antwoordet de andere denn: dat is en Doctor,
dat is en Licenschat! Averst dat is nich waar,
et fünt Deeve un Mörder. So maket et ook
de jungen Rapsnabels, de Studenten, be gaat
ook nich to'r rechten Döhr in den Schaapstall,
sündern se styget anderswo henin. Da loopt
se, da rönnt se, dat se mögt Parren krygen;
averst hört jy Bengels un Flaam=Snuten! ek
will ju drei Wege un Döhren wysen, da jy
könnt to'r Parre komen. De eene Döhr is eene
Hof=Döhre, de andere eene Fruen=Döhr, be bridde
is eene Geld=Döhre. Will jy nu dorch de Hof=
Döhre to'r Parre komen, so seet to, dat jy an
den Hof komer, un dat jy gode Lübe an be
Hand krygt; seet to, dat jy eenen Hofrath oder
Prälaten oder Suppernbenten to'm Frünne krygt,

so kön=jy ball to'r Parre komen. Kön=jy averſt nich dorch de Hof=Döhre komen, ſo ſeet to, dat jy dorch de Fruen=Döhre gaat. Fragt, of ſe nich een Kammer=Mäken oder Waſe heft, dat wolle=jy nemen, wann ſe ju de Parre geven wilt; un wenn dat nich helpen wyll, ſo grypt in de Taſche! und dat is de Geld=Döhre. Hoolt an um eene Parre, averſt ſeet to, dat jy heft Schuf vör den Dumen. Es war vor dieſem ein gewiſſer Prälat im Stifte Hildes-heim, der hatte unterſchiebliche Pfarren zu ver-geben. Als nun eine ledig ward, fanden ſich viele Studenten ein, aber ſie konnten ſie nicht kriegen. Endlich kam einer, und inſinuirte ſich bei dem Kammer= oder Jammer=Diener, gab ihm einige Thaler, und bat um Recommendation bei ſeinem Herrn. Der Kammer=Diener, der viel bei ſeinem Herrn vermochte, ſchlug es ihm zwar nicht ab, ſagte aber: Mein Herr iſt ſehr gelahrt, und pfleget die Studenten auf die Zähne zu fühlen, inſonderheit pflegt er zu fragen: Wie Melchiſedeks Vater geheißen. Der Student ant-wortete, daß er ſolches ſchon wiſſen wollte, er möchte nur machen, daß er zum Prälaten käme.

Der Kammer=Diener verschaffte ihm endlich den
Zutritt. Wie er nun vor den Prälaten kam,
fragte derselbe ihn: ob er auch gut und wo er
studirt hätte? Der Student sagte zu allem Ja,
darauf fragte der Prälat, wie Melchisedeks Vater
geheißen? und der Student antwortete: Amina=
dab! Da sprach der Prälat: weit gefehlt! geht
nur hin, ihr wisset nichts und sollt die Pfarre
nicht kriegen! Unterdessen griff der Student in
die Tasche, zog zwei Beutel heraus, in dem
einen waren Ducaten, in dem andern Silber=
münze, setzte sie vor den Prälaten auf den Tisch,
wies auf das Gold und sagte: das ist der Vater,
auf das Silber, das ist die Mutter! Darauf
sagte der Prälat: ihr habt wohl studirt, und
noch besser als ich vermeint, ihr sollt die Pfarre
haben! So geit et noch hütiges Dages; wilt
du in den Schapstall, so sü to, dat du wat hest
vor den Dumen to schuven. Ich bin Gott Lob
zur rechten Thür eingegangen, ich bin kein Dieb
noch Mörder, ich war 36 Jahr alt, wie ich
hierher kam, ich wollte nicht gerne hierher, aber
sie zwangen mich fast dazu. Ein gewisser vor=
nehmer Mann hatte mich predigen gehört, der

wollte nicht ablassen, ich sollte hierher, und meinem Berufe folgen. Da kam ich auch hier an, und nahmen mich meine lieben Pfarr=Kinder auch vor 39 Jahren als einen Engel Gottes an. Doch weiter auf den Text zu kommen, so sagt mein Heiland: Ich bin die Thür zum Schafstall 2c. Was nun eine Thür sei, wird ein jeder wohl wissen, kein großer Thorweg, als die großen Hänse jetzunder vor den Häusern haben, auch nicht ein Pörtgen, auch nicht eine kleine enge Thür. Wie kann aber Jesus eine Thür genennet werden? Ich antworte hierauf einfältig: Er heißet eine Thür deßwegen, weil wir durch das Verdienst Jesu Christi, welches wir alle haben im Glauben ergriffen, in die Christliche Kirche vermittelst der heiligen Taufe eingelassen werden.

Applicatio.

In diese Thür zum Schafstall ist auch eingegangen unser verstorbener Mitbruder und getreuer Kirchenvater Hinrich Nottelmann, als der vor 87 Jahren mit dem Bade der heil.

Taufe ist besprenget worden. Es war dieser
Mann ein recht feiner Mann, Homo antiqua
virtute et fide, ein alter deutscher Degen=
Knopf, wie man zu reden pflegt, der mich auch
liebte auf das allergenaueste, welches ich mit
einem Exempel beweisen will. Als vör een paar
Jaaren de grote Prahlhans van Wunstorf, dat
jy ook dat recht verstaat, wen ek damit meine,
dat was de General=Supperndent van Wunstorf;
as de hierher kam, un my öwer de Snurren
hauen wolte, wegen der Kerken=Stöle, de de
jungen Rapsnabels vor 6, 9, 12 Margen=Gröschen
verquackelt habben, un deswegen met my eenen
groten Larm anfing, da was düsse ole dütsche
Degenknoop mein getreuer Beistand, widersetzte
sich dem Herrn Superintendenten heftig und
sprach: Ei Herr Supperndent! wat will jy hyr
Nyes maken, dat by Tyd des Levens nich west
is, latet et doch by den olen Löckern, een jeder
sall syne Stebbe wedder bewinkopen, latet doch
unsen Heren met Freden! O du alter, guter
Deutscher! wo ungeern miss ek dek. Nun so
ist er allemal in seinem ganzen Leben gewesen.
Als er auf dem Tod=Bette lag und bald sterben

wollte, fragte ich ihn, ob er auch mit seinen
Feinden und Widersachern sich vertragen hätte,
oder ob er noch auf seinem Herzen etwas em-
pfinde, so ihn drücke? Da gab er sehr ver=
nehmlich zur Antwort: Ne, Herr Gevadder
(denn ich bekanntermaßen zu seinem Sohne Ge-
vatter bin) ek wüßte niks meer, dat mek quälen
könne, bedet mek man wat vör! Ich fragte,
was ich beten sollte? da fing er von selbsten
an aus dem Psalm Davids: Wohl denen, die
Gottes Zeugniß halten. Das ist das letzte Wort,
so dieser alte ehrliche, nunmehr verstorbene Mann
mit mir gesprochen und gebetet. Hörstu dat
wol doort, du Flaam=Snute! et is dynes
Grootvaders Wille, dat du des Herrn Rechte
un Tügnis holen schast! Süss will et dek syn
Dage nich wol gaan. Hört, ek will ju seggen
met korten Woorden, wat rat heet, dat Tügnis
des Herrn holen. Du schast gud doon, gobbes=
fürchtig syn, God un dynen Nögesten leven;
du schast nich horen, ehebreken, tövern, noch
supen, freten un stelen. Dyn Grootvader het
et nich daan, hörstu dat wol, du Bengel, Hans
Anebart? Als er nun an das Sterben kam,

wurde er mehr und mehr getröſtet, und darauf
endlich durch ſeinen Erlöſer Jeſum Chriſtum
zur Thür des himmliſchen Schaf=Stalls einge=
führet. Nu, de leve Mann, de gude Mann,
de brave Mann, de was bet an ſyn Enne be=
ſtändig; darum gaf ook God, daß er ſelig von
hinnen ſchied. Nun abjeu, du leve Mann!
ſlap wol un ruhe ſanft bet an den leven jüngſten
Dag, da du ohn' alle Plage warſt uperſtaan
ut dynem Grave.

Ach lieber, frommer und getreuer Gott,
Beſcher' uns allen einen ſel'gen Tod,
Hilf, daß wir mögen allzugleich
Bald in dein Reich
Kommen und bleiben ewiglich.

IV.

Auszug

einer Predigt,

welche

Herr Pastor Jobst Sackmann

zu Limmer nahe bei Hannover

am 10. Sonntage nach Trinitatis gehalten 1711.

——— ——

Nro. IV. ist gedruckt:

1. in jenem Flugblatte (s. S. 52),
2. auf einem besonderen Flugblatte:

   „Eine merkwürdige Predigt, welche der Herr Pastor Sackmann zu Limmer bei Hannover 10. Trin. 1711 gehalten." 4. 4 S. sine l et a. (Auf der Bibliothek zu Wolfenbüttel.)
3. im Journal von und für Deutschland. 1785. Th. 2. S. 129—131.

Introitus.

Lachen hat seine Zeit! Weinen hat seine Zeit! Dat is een waar Woord, dat Salomo spraken het im Preddigerboke am drüdden Kapittel. Wenn ek wene, so lache ek nich; alles hübsch to syner Tyd! Nu hüte will=wy mal van dem Wenen sprefen, doch dat Lachen ook nich vergeten. Wat gelt et, jy schölt noch tohope lachend weren!

Exordium.

Nu will ek wat Schönes vertellen. Es waren einstmals een paar Philosophi genömt, doch dat versta=jy nich, so een paar Grillenfängers, kloke, geleerde Köppe, Narrens eigentlik, doch so dumm wören se wol eigentlik nich. De eene heet Demokritus, de andre — sü, dat weet ek sülvest ball nich meer; ja, ja! Heraklitus heet he, een Gnikker= un Gryne= (Gehl=) Baart, de

andre eene Blarr=Gesche, ober Blarr=Hans.
Wanne! be Katten kranket noch barto! wenn be
Gnikkerbaart hübiges Dages noch läven schölle
un sege dat grote Bekkerhuus vör dem Kalen=
bergischen Dore, wanne! be Kukuk! be Kerel
lachebe sek ben Panzen entzwei. Ek weet vör=
waar nich, of be Bekker ben Kurförsten up bem
Sale met synen Krengeln trakteren will? Ja,
bat hest bu bacht! He will bek jo nich komen!
Ja, bat geit'r bull to in ber Welt, ümmer bul=
ler as bull, unrecht un ümmekeret. Süss heft
be Fruens Folen in ben Rökken bragen, nu nich
meer: nu mötet se be Kerels slepen, nu gaat be
Kerels met Flegen=Folen (ich meine Falten);
is bat nich eene Fruensbracht? Ja, seet eenmal
an büssen mynen Rock. As ek büt Kleeb maken
leet (ek hebb et eerst tüget; bat Laken is goob;
et kostet mek be Elle eenen Daler un eenen Dort,
to Hannover by Herrn Schilling betalet), as nu
be Snybermester Jochen met ber Knypscheere
baby kam, so säe ek: wo nu, vör'n Düster!
will=jy mek eenen Wyverrock maken? Schall ek
up myne olen Dage noch een Wyf un een
Narre weren? Ja, säe be Snyber, ek will an

jük nich to'm Schelm weren; dat is de Mode
so! Et säe to öhme: Hale dek de Krankt met
dyner Mode! De Galgendeef het doch den Rock
na syner Mode maket; hyr hebb' ek 5 Folen,
un achter 5, un up düsser Syd 5, dat sünt
15 Folen. O ek arme, ole Mann! da met mot
ek mek slepen un bin anedem so matt, dat ek
kuum de Lenden nasleppen kann. Ja, myn
Kriste! Du schölleft mal de groten Hansen
(ball hebb' ek Hasen seggt) in Hannover seen;
de heft wol 100 Folen in den Röcken üm den
Steert hangen. Wanne, wanne, wanne! use
Gnikkerbaart, wenn he dat sege, wo wolde he
gnikkern! Un wenn de andre Blarr=Hans daby
stünde, wo wolde de blarren! Ja, dat wörde
laten: ha, ha, ha! au, au, au! Een de grynt,
de andre, de blarrt; ja se sünt'r nu nich, süss
hebben se des groote Dorsake. Nun lasset
uns weiter gehn! Wo geit et hübiges Da=
ges mit dem Eten to? Da mot luter franzö=
sisch Freten to Dische, Raguen, Frikasseen, Pa=
steiten, Tarten un wo dat Tüg mer heeten mag.
Ich kenne es alles wohl; denn myne sel.
Swester, de habbe den Mundkok by dem seligen

Hertog to Zelle, de konnde een schön Stück
Freten maken, alleen be sel. Herr froog na der
Schererie un Smabberie niks na; dat Bruns=
wiksche Gericht, Kohl met Speck, dat was syne
Kost, un dar holde ek et ook mede; kann't aber
nich mer verbrägen. Averst eener gae mal hen
na be Börgers in Hannover; wanne, wanne!
wat fretet se lekker! De benket an Kohl un
Speck nich. Wenn use Snikkerbart un de Blarr-
wäsche dat mal segen; wanne! wat wolden se sek
bulle anstellen! Ich muß noch einmal auf
die Frauenskleider wieder kommen: be
Hengers breget ja nu gar keene Folen meer,
sündern se heft uppestund Kükenkörfe an üm
ben Steert; Tunnenbänder un Stricke neiet se
in be Röcke; dat mot stywe hen staan; eenen
groten Ballerjaan hengt se üm ben Stinkerjaan,
ben legen Püsterjaan. Et is rechte Sünne un
Schanne; keen ehrlik Minsche kann baby her
gaan; et mot önen Alles utem Wege gaan, sei
nemet fast be ganze Strate in; hier in Limmer
het et wol niks to seggen, aver man kome mal
bes Sönbages in Hannover, da werb ener syn
Wunder sein. Wanne, wanne! wo wolde use

Gnikkerbart gnikkern, wenn hei sau vele Küken=
körve up der Straten lopen seie, ja man schöll
wol baröver lachen; doch nee! nee! nee! Man
mot baröver mit ufer Blarrtrineke wenen, as
Kriftus im Evangelio beit. Wir wollen nun
uns zum Evangelio wenden und daraus
betrachten:

Den weinenden Jesum.

Tractatio.

Nun meine Lieben! so wollen wir
denn auf unfer Evangelium losgehen.
Der Herr und Heiland Christus mußte
so veel wenen over dat Schelmpack to Jerufa=
lem. De makeden et so: de eene wolde sek nich
betern, de andere ook nich; Supen, Freten, Ho=
ren, Roven, dat was öhr Handwark. Kriftus,
de ging dar noch eenmal hen; he schull dar
man syn wegbleven; denn dat was doch alles
umfüff; se wolden nich na öhme hören. As
he nu ball henkam, nämlik up den hogen Barg,
da tog een groten Rook up van der Stad, swink,
swank, in de Högte. Dat was een aischen,
bittern Rook, et was een Sündenrook; de beit

den Herrn Kriſtum in de Ogen, dat öhme ſyne
goden Ogen tranen moſten. Solke Tranen
wören de Grundſchelme to Jeruſalem nich weerd;
in de Hölle henin met ſolken Boven, dat ſe
brennet, aß Talglechter! Nu, nu! dat kumt
wol to ſyner Tyd.

De Herr Kriſtuß ſpatzeerde hübſchen na
Jeruſalem; latet öſch doch in Gedanken een
betken met öhme gaan! Aß he henin kam, da
waß een Allarm in allen Straten; de Jungens
kemen tohope un froieden ſek. Ek mag in Han-
nover nich komen üm de Jungens willen! De
loopt achter mek an, aß wenn ſe nich klook
wören. Ek bin nu wol in Jaar un Dag nich
henin weſen; tavören nam ek myne leve Huus-
ehre, mein liebes altes Weiblein, noch
wol by der Hand und ſlenderde mal henin; alleen
ſo lange aß uſe Herr Gevadder dood iß, hebbe
ek keenen Smack meer henin; nu iß mek hyr in
Limmer in myner Hütten am allerbeſten. Dar
ſitte ek nu, wene myne Tranen met dem Herrn
Kriſto over de loſen Schelme, de ek in myner
Gemeine hebbe; ook wene ek ut groter Leve vör
myne kriſtlikke Tohörers, dat et jük ſchal wol gaan.

Ef mot nu webber up mynen Text komen:
Jerusalem was recht as eene wilde Su. Wenn
de Jäger syn Speit in der Hand het un röpt:
Huff Su! Huff Su! Baar Su! so löpt dat
böse Swyn lyk up dat Speit. So makede et
dat böse Pack ook in Jerusalem; se lepen in
öhr eegen Unglück; deshalben scholben se nu
ook met Kryge annegrepen weren; "sie wer=
den um dich eine Wagenburg schlagen."
So makeden se dat vör olen Tyden: de Wa=
gens föreden se üm de Stad herüm, da bela=
gerden se de Stad met; averst nu kumt et
ganz anders, wanne, by'm Henger! wat sünt
se nu kloof woren im Kryge! Da maket se
Schanzen, da mot de ehrlikke Solbat henut, de
Schanze to graven; denn so liggt de Schelm=
franzos in dem Graven oder Busch, un schütt
den ehrlikken Solbaten, dat he da liggt. Ja,
de verflookde Mönk, de dat Pulver utdacht het,
de schölle süss wat daan hebben. De Grund=
galgenbeef, wat vör Unglück het he darmede
anrichtet! Is dat eene Kunst, dat man eenen
doob schütt! Wanne, wanne! wenn keen Pulver
in der Welt wöre, so wolde et goot tostaan,

so mögte de Franzose inschenken. Ja, ek kann't
nich genoog seggen, dat so een Stück Schelmes,
so een liederlich Mönk dat Pulver het utdenken
mögen; wenn't noch een Soldat, oder dapper
Krygsmann daan hebbe, so wull ek da niks van
seggen. Will=jy weten, wo he heten het? Bartold
Schwarz het he heeten. Ja, toif du swarte Henger
man, du schast swart genoog in der Hölle sitten.
Im Kryge bin ek ook west; ek wet, wo et dar
hergeit; dar is, by'm Kukuk! Lyves= un Lävens-
Gefahr by. Einsmals were et met mek ball nich
good gaan, alleen ek weerde mek myner Huud.
Een Schelmfranzos wolde mek plündern; ek toog
averst flugs vam Ledder un wyse öhme de Täne.
De ook nich hungern kann, kome in den Kryg;
oft in 2 oder 3 Dagen krigt man niks as een
betken Brood. Wanne, wanne! wat schöllen
de Kerels de Heersegrütte geern freten, de use
groten Plöge=Kerels nich freten möget. De fulen
Deve braut den Buren: se wilt to Kryge gaan.
Ach lasset sie laufen! latet se lopen! se
schölt noch wol an Limmer denken. Uses Na-
bers Knecht is man twey Jaar mede west;
averst wat wöre he geern wedder dar herut!

Nun zum Text. Jerusalem hatte
bisher guten Frieden gehabt, aber sie
erkanten es nicht. Use Volk maakt et nich
beter. Wenn et hyr so eenmal schölde togaan,
as to myner Tyd vör Trier, wanne, de Kram-
beren! wo schölden de olen Moders hulen!
Danket jy God, dat jy goden Freden heft. Use
gnädigste Kurförst, dat is een gnädig Herr,
averst betert jük un weset nich so goblos! To'm
Deel sün-jy goob, averst etlikke sünt lose Schelms.
Et is nu, God Lof! eene goode Tyd, dat ek
by jük west bin; ek hebbe myn Amt redlik daan.
God Lof! dat ek keenen Beamten in myner Ge-
meinde hebbe; se hefft mek all öfters, as eener
fetten Hähne draut, alleen se hefft mek alle-
mal nits afhebben kunt. Der Hochselige
König in Dänemark, Christianus IV.
hat einmal gesagt: „Er könnte mit
allen seinen Leuten wohl fertig wer-
den, aber mit keinem Beamten und
Schösser" (dat sünt de Toll-Innehmers); se
könden allemal so schöne Rekenung afleggen un
bedrögen öhne doch.
Da makede he düssen Vers up:

„Amtleute und Schösser
Bauen Häuser und Schlösser
Und kriegen wenig Sold;
Sie sind nicht treu noch hold;
Die Rechnung kann nicht fehlen,
Die Diebe müssen stehlen."

Ek hebbe düssen Vers nich maket, alleen
he dreppt gladd in; ek frage jük, is et nich
waar? Nun zum Beschluß: Weinet gern
mit unserm Herrn Christo, so sollt ihr
euch dort mit ihm freuen; averst de hyr
syne Froide het, grynet, is lustig un gober
Dinge, de schall doorten im Füer wenen un
brennen (hulen un blarren) met allen Düveln.
Da bewahre se de leve God vör! Dat is man
so nich; de Hölle brennt rechtschapen; ek bin
nich dar wesen, hebbe ook noch keenen darut
spraken, alleen ek wet et wol. Mein lieber
Gott! Ich muß auch genug weinen; wenn
ich in meiner Stube sitze und für euch
bete, wisset ihr, was ich denn für Haus-
geräth gebrauche? Keinen Pott, keine
Schüssel, keinen Löffel, keinen Krug

— auch mein Essen schmecket mir so nicht mehr — sondern sehet hier mein Schnupftüchlein, darin ich meine Thränen wische! Wenn dann mein altes Weiblein kommt und zusieht, was ich mache, so weine ich, so giebt sie mir ein. Wischtüchlein und wischt mir die Thränen ab. Sehet, so lieb habe ich euch, daß ich um eures Besten willen weine. Nun, Gott tröste alle Traurige und Betrübte, nich averst de legen Mutzen, de Horen; wenn se utehort heft, so pleget se ook wol to wenen un seggen, dat et jüm leid is; alleen se leget; de Hengerskinner könet blarren, wenn se wilt, un lachen, wenn se wilt. Endlich gebe uns Gott die ewige Freude. Amen.

V.

Leichen = Sermon,

welcher

dem Schulmeister und Kirchner

Michael Morin,

als derselbe am 2. Mai 1735 durch einen unglücklichen Fall
seinen Geist aufgab,

von

eben demselben Pfarrer daselbst vor der Bahre und
bei zahlreicher Versammlung seiner Pfarrkinder
gehalten worden.

———————

Nro. V. ist unter obigem Titel in jenem Flugblatt (s. S. 52.) und offenbar aus irgend einer Handschrift oder Druck genommen, wo zuvor ein anderer Verfasser, nicht Sackmann, genannt war.

Michael Morins Leichen-Sermon.

OMNIS HOMO MORTALIS.

Wir sind alle sterblich.

Es ist schon lange, meine lieben Zuhörer, daß ich angemerket habe, daß wir alle sterblich und dem Tode unterworfen sind, dieweilen wir Menschen sind. Omnis homo mortalis. Es haben die vergangenen Zeiten alte Bücher hervorgebracht welche uns erzählen, daß die Alexander und Cäsarn, die schrecklichsten Kriegshelden, nebst so vielen andern, die sich gleichfalls sonderlich hervorgethan haben, gestorben sind, omnis homo mortalis. Inzwischen hat mich alles, was ich gelesen habe, nicht so sehr gerühret, als mich der Tod des armen Michael Morin heute betrübet. Ihr wisset, daß er gestern verschieden; gestern machte der Tod seinem Schicksal ein Ende; gestern starb er endlich in der Blüthe

seiner Jahre, und wenn wir alles bedenken, so
werden wir ihn nicht mehr sehen. Verwichenen
Donnerstag war er in seinem Garten; hem, hem,
hem that er gegen mir, was sagt Ihr dazu,
Herr Pfarrer? Ich habe noch gute Lust zum
Essen; es steckt in mir noch ein rechtschaffener
Mann; er hielt mit beiden Händen ein groß
Stück Brod, mit Knoblauch bestrichen, in welches
er gewaltig biß, und es mit größter Lust ver=
zehrte. Ach! meine lieben Brüder, wer hätte das
wohl gesagt! Nun ist er doch todt und wir
werden ihn nicht mehr sehen. Wir haben aller=
seits, ihr sowohl als ich, einen großen Verlust er=
litten, ja ich versichere euch, einen großen Verlust:
Denn er allein unterrichtete eure Kinder, lehrte
sie lesen und schreiben, läutete mit euren Glocken,
schnitt die Hostien, ging zum Opfer und sang
an dem Pult: Er war der omnis homo in
unserm Dorfe. Ha, ha, ha, ja lacht nur, ihr
einfältigen Tropfe, ihr dummen Thiere, lacht nur,
lacht nur, da habt ihr wohl Ursach zu lachen, denn
eben dadurch zeiget ihr, daß ihr einfältige Gecken
seid und kein Latein versteht. Denn wenn ihr
in der Classe studirt hättet, so würdet ihr auch

wiſſen, daß omnis homo ſo viel bedeutet, als
ein Mann, der zu allem taugt, weilen
ihr aber nichtswiſſende Bengel ſeid, ſo meinet
ihr, der Michael Morin ſei ein dummer Ochs
geweſen, wie ihr, weil er auch ein rothes Wamms
und weiße Strümpfe an hatte. Ach ſehet doch
den ſchönen Schluß! Wenn ihr mich ſehen
ſolltet, wenn ich in meiner Schlaf=Hauben und
in meinen Schlaf=Hoſen aufſtehe, ſo würdet ihr
denn auch ſagen, daß ich keinen Verſtand habe.
Ihr groben Schlüngel, es macht ja die Kutte
nicht den Pfaffen aus, ihr habt es fürwahr
noch nicht getroffen, und ihr ſollet wohl andere
Dinge hören; höret mich aber nur an, und
machet euch ſolches zu Nutzen.

Großer Leute Verdienſte kennet man gemei=
niglich erſt nach ihrem Tode. Dieſes voraus=
geſetzt, will ich wohl wetten, daß ihr bei Leb=
zeiten des Verſtorbenen die großmüthige That
niemals wahrgenommen habt, die er einesmals
um elf Uhr des Nachts verrichtete. Ihr waret
alle dabei: Es geſchah, da die Kühe in den
Kirchhof gekommen waren. Ihr waret alle voller
Schrecken und man hörte euch eine Stunde weit

schreien: Helft, helft, Herr Pfarrer! was sollen
wir thun? die Kühe sind auf dem Gottes=Acker!
Euer Klag=Geschrei ermunterte den guten Michael
Morin: Er sprang sogleich im Hemd aus dem
Bette, faßte eine Heu=Gabel mit beiden Hän=
den an, und mit einer unerschrockenen Geschick=
lichkeit jagte er die Kühe geschwinder aus dem
Kirchhof, als sie hinein gekommen waren. Wohl=
an ihr Bärenhäuter, ihr durftet nicht einmal auf
den Kirchhof kommen, es grauete euch zu sehr
vor den Gespenstern, sagtet ihr, und diesen guten
Dienst leistete euch der gute Michael Morin, daß
ein jeder mit seinen Kühen wieder konnte schlafen
gehen. So nahm sich der arme Verstorbene des
gemeinen Besten eifrig an, und ihr habt es nicht
einmal geachtet. So lernet denn jetzt ihn zu
lieben, da er todt ist, denn ihr werdet ihn nicht
mehr sehen. Ach, wie oft habe ich in Gedanken
bei mir selbsten gesagt: Was ist es für ein großer
Schade, und was gehet hieran dem Staat nicht
ab, daß der Michael Morin nicht ist in Krieg
gezogen; sein Muth hätte ihn zu einem großen
Kriegsmann, ja was sage ich, wohl gar zum
General gemacht. Ich gedenke mein Lebtag der

großmüthigen That, die er bei dem Tod seiner
Großmutter von sich blicken ließ. Wenn der
Michael Morin ein vornehmer Mann gewesen
wäre, so hätte man diese That mit großen Buch=
staben in den Mercure galant und in die Zei=
tung setzen lassen. Weil er aber in einem Dorf
wohnete und Bauern=Kleider an hatte, achtete
man aller seiner Thaten nicht. Inzwischen hat
man doch in den Geschichten der größesten Män=
ner nimmermehr etwas Wunderwürdigeres ge=
sehen. Merket nun wohl darauf.

Michael Morins Großmutter lag in den
letzten Zügen, er half ihr vollends abdrücken,
legte sie in den Sarg, läutete selber die Glocken,
machte die Grube, scharrte sie ein und sang das
Libera, ohne dabei eine Thräne zu vergießen.
Lacht noch dazu, ihr groben Tölpel, die ihr in
Thränen vergehen wollet, wenn euch nur ein
Kind stirbet. Ich rede von jenem großen Schlün=
gel, den ich dort unten im Winkel lachen sehe.
Du unschuldiger Tropf würdest um eine Steck=
nadel weinen, die du im Spiel verloren hättest.
Mache nur nicht, daß ich zu dir kommen muß,
du Erzbüffel! Geh nur hin, der Michael Morin

hatte kein Haar an sich, daß dir ähnlich gewesen
wäre, du läufest davon, wenn du nur die Trom=
mel rühren hörest: Du fürchtest dich vor den
Soldaten. Fürwahr, der Michael Morin war
weit beherzter als du. Zum Zeugniß dessen will
ich nur dasjenige anführen, was er that, als
des langen Clausen sein Sohn und Tochter=
Mann in ihrem Garten um einiger Zwetschen
willen einander in die Haare geriethen. Diese
zwei Schelme rauften einander mit derben Faust=
Schlägen das Haar aus, wie die Hunde. O!
Potz tausend, da ließ der Michael Morin seine
Tapferkeit sehen. Er tritt zwei Schritt zurück,
um einen Anlauf zu nehmen, springt mit einer
resoluten Miene, zest, über den Zaun, packt sie
alle beide beim Kragen an, giebt dem einen
einen Tritt, dem andern eine Maulschelle, pif,
paf, bringt sie auseinander, wirft ihre Hüte
auf die Gasse hinaus, und da war kein Wort
mehr davon geredet. Solche Liebe bezeugete der
Michael Morin gegen seinen Nächsten: Denn
wäre er nicht gewesen, sie schlügen gewiß ein=
ander noch, und ihr armen Tröpfe würdet sie
nicht auseinander bringen können! Wenn ich

euch hier Fabeln aus den alten gedruckten Büchern,
oder aus den Geschichten der vergangenen Zeiten
erzählte, so könntet ihr sagen: Unser Herr Pfar=
rer hat uns mit seinen alten Weiber = Mährlein
was weiß gemacht.

Ich rede aber, lieben Brüder, mit euch von
solchen Dingen, die zu unserer Zeit geschehen
sind. Es sind keine Narren=Possen; ihr wisset
es und habt es mit Augen angesehen. Was
war zum Exempel wohl erstaunenswürdiger, als
wenn man den Michael Morin eine Wiese ab=
mähen sah. Er zog sogleich sein Wamms aus,
ergriff die Sense mit beiden Händen und mähete
ganz um sich herum, frist, frest, frest, in einem
Athem bis an's Ende der Wiese, und ohne Zeit=
verlust ergriff er den in einem Kumpen an seinem
Halse hangenden Wetzstein, und zest, zist, zest,
hernach spie er in die Hände und fing mit
größtem Muth seine Arbeit wieder an. Man
hätte meinen sollen, als wollte er alles nieder=
hauen, und darum nennete man ihn den großen
Holzhauer. Pif, paf, auf zwei Streiche fällete
er eine Eiche. Er war ein Schrecken der Wälder.
Mit einem Waldmesser, frest, frest, frest, hieb

er ganze Aeste ab. Man hatte nimmermehr
einen solchen Arbeitsmann gesehen. Krick, krack,
wenn er die Hand zweimal umkehrte, so war
schon ein Büschel fertig; aber das waren Büschel,
gewissenhafte Büschel. Des Michael Morins
Büschel waren gute Büschel; es waren keine
mit Laub gefütterte Büschel, darinnen nichts als
die Seele stecket; es waren auch keine schlechte
kleine Büschel; seine Büschel waren Büschel,
worinnen gute Knochen waren; es waren große
Büschel, festgebundene, wohl gerattelte Büschel,
es waren die best gerattelten Büschel unter allen
Büschel=Machern. Was kann man wohl Wunder=
würdigeres thun! Ist auch wohl ein Mensch
auf Erden, der mit dem Michael Morin zu
vergleichen sei? Nein, er hat seines Gleichen
nicht, auch nicht einmal in den Lüften. Und
das ist es eben, was ich jetzt erweisen will;
denn ich werde nimmermehr müde werden, mit
lauter Stimme zu sagen, und öffentlich auszu=
rufen, daß er ein rechtschaffener omnis homo
gewesen. In den Lüften war Michael Morin
recht wunderwürdig. Es fällt mir eben zu rech=
ter Zeit ein, und können sich die, so damals

dem hohen Amte beiwohnten, so gut als ich,
deſſen erinnern. Künftigen Sonntag wird es
zwei Jahr ſein, ich war eben in meiner Predigt
begriffen. Nun, ihr werdet euch deſſen wohl
entſinnen. Die Vögel, welche unter dem Gewölbe
der Kirche niſteten, machten einen ſolchen Lärm,
daß ihr meine Predigt nicht hören konntet. Ihr
ſahet ſtehend dieſen kleinen Thieren zu, legtet
die Arme kreuzweis in einander, wie die Götzen=
Bilder, und wußtet nicht, wie ihr ſie verjagen
ſolltet. Der einzige Michael Morin, unſer omnis
homo, fand durch ſeine natürliche Geſchicklich=
keit Mittel und Wege, ſie hinauszutreiben, und
zwar folgendermaßen:

Er ſaß damals bei den Glocken=Seilen.
Mich dünkt, ich ſehe ihn noch mit ſeiner Schul=
meiſter=Gravität ſitzen. Denn er präſentirte eine
Perſon, die man nicht beſſer hätte malen können,
und wer ihn nicht gekannt hätte, der hätte ihn
in ſeinem Sonntags=Kleide wenigſtens für den
Fiscal unſers Kirchſpiels angeſehen. Ich wurde
demnach gewahr, daß er mit dem Kopfe winkte,
denn auf dieſe Art legte er ſeine Gedanken am
leichteſten an den Tag. Er ſtand von ſeiner

Stelle auf, und ich begriff alsobald, daß es auf
die armen Thierchen losgehen würde. Er machte
die Kirch=Thür auf, ergriff die Stange, womit
er sonst die Spinnewebe abkehrte, stieg auf seine
Bank, und ferli, ferlon, hin und her, wilt du
naus, oder wilt du nicht naus, wart ich will
dich schon kriegen, so machte er's von einem
Ende der Kirche zum andern. Endlich erreichte
er seinen Zweck, er trieb alle die Vögel aus
den Nestern, warf sie herunter, verscheuchte und
verjagte sie sammt den Nestern.— ohne daß
weder frick noch frack davon übrig blieb. Wohlan,
meine lieben Zuhörer, wie wären wir daran,
wenn der Michael Morin nicht gewesen wäre:
er ließ sich nicht faul dabei finden, wie die leib=
eigenen Knechte zu thun pflegen: er war ein
rechter tapferer Held, und ihr thut wohl, wann
ihr euch seine schönen Thaten zu Nutz machet.
Lasset uns aber ernstlich mit einander reden.
Was war wohl wunderwürdiger, als wenn man
ihn das Glockenspiel rühren hörte? Alle Pro=
fessions=Verwandte kamen an der Kirchweih, sein
Spiel anzuhören. Ihr habt es selber angehört,
wie er nur wollte, mußten unsere Glocken klingen,

ja man hätte bald gesagt, als ob sie redeten;
und doch wußte er nichts von der Musik, wie
denn seine arme Mutter zum öftern sagte, es
wäre recht schade, daß er nicht in die Schule
gekommen wäre, denn er hätte alle Wissenschaften
überstiegen, wenn er dazu fähig gewesen wäre.
Damit wir aber endlich wieder auf unsere Glocken
kommen, so spielte er damit recht artlich, er nahm
die Glocken in seine Hände und Füße, und schüt=
telte sich wie ein armer Tropf, kling, klang,
kling, klang, kling, klang, tirli, tirli, was Gutes
zu trinken her, für den Michael Morin. Michael
Morin, wie warest du so wundersam! O! des
großen omnis homo. (O! des großen Mannes,
der zu allem taugt!) Er hatte an sich eine heroische
Heldenmüthigkeit! darum sagte ein gelehrter Mann,
der durch unser Dorf reisete, daß er in einem
Nothfall mit dem König würde geredet haben,
und er war auch in der That nicht ein solcher
Tropf, wie ihr alle seid. Er wußte seine Waaren
wunderschön an den Mann zu bringen; das
Choral wußte er als ein Oracul auswendig,
er wußte aus den Liedern besser zu kommen,
als ich), und sah in seinem Meßgewande so gut

aus, als ein Bischof. Er sah aber gut aus
und hatte einen vierschrötigen Gang, plick, plack;
trug er gleich nur hölzerne Schuhe, so geschah
es doch nicht aus Eitelkeit, da zumal sein Schwie=
ger=Vater ein Schuster war. Seine Stimme
war so erschrecklich klar und schön, daß, so
bald er zu singen anfing, alle Hunde zur
Kirche hinausliefen. Wenn es nur nicht um
die böse Nachrede zu thun wäre, so würde
ich ihn für eines Edelmanns Sohn halten.
Wenigstens aber muthmaße ich, daß er als
Säugling muß verwechselt worden sein, weil er
zu edlen Thaten, als ihr jetzt sehen werdet, ge=
boren war.

Einesmals nahm er eine Flinte auf die
Achsel, um auf die Jagd zu gehen. Als er zu
dem Haag der Anna Michaut kam, sah er einen
Hasen, auf welchen er anlegte, puf, da lag er;
er sprang über den Graben und hub ihn auf,
brachte ihn nach Haus, streifte ihn ab, spickte
ihn, steckte ihn an's Spieß, ließ ihn braten,
setzte ihn auf und verzehrte ihn. O! des vor=
trefflichen Mannes! O! ein guter Tag für
den wunderseltsamen omnis homo! siehet man

auch wohl seines Gleichen! ach nein! denn er
war auf Haar und Federn geschickt. Ihr habt
seines Gleichen auf der Erde und in den Lüften
nicht gesehen, er war aber noch ärger im Wasser.
Er war in diesem Stück ganz unerschrocken,
wie ihr jetzt sehen werdet. Der Michael Morin,
der seit vielen und langen Jahren mein treuer
Diener war, bezeigte auch für mich den größten
Eifer. Als er eines Tages vier Pfarrherren
aus der Nachbarschaft zu mir kommen sah, die
mit mir essen wollten; ich meine es war am
heiligen Abend, wenigstens war es an einem
Fast=Tag; ich hatte nichts, das ich hätte ihnen
vorsetzen können. Der Michael Morin merkte
alsobald meinen Kummer, zog sich ganz nackend
aus und sprang mit gleichen Füßen in den großen
Weiher; wir meinten alle, er wäre ertrunken;
allein nein, keineswegs, in einem Augenblick
kam er wieder herausgeschwommen mit großen
Fischen, welche so lang waren, als von heute
bis morgen, und mit seiner lächelnden Miene:
wohlan! sprach er, Herr Pfarrer, was saget
ihr dazu? Potz tausend, des Königs Leute sind
keine Halunken, wir haben ein Herz und eine

Ehre im Leibe. Ohne Zeit=Verlust stülpte er
seine Aermel auf bis an den Ellenbogen und
schlug die Vordertheile seines Rocks zurück, zog
sein Messer aus der Tasche, spie darauf, wetzte
es auf dem Pflaster, trist, trest, trest, nahm den
großen Hecht aus und machte eine gute Brühe
daran, daß man die vier Finger darnach leckte
und dabei des Daumens nicht vergaß. O! was
war der Michael Morin nicht für ein vortreff=
licher Mann! Ich werde nimmermehr müde zu
sagen, daß er der große omnis homo gewesen
sei. Ich beschließe meine Rede mit der letzten
That seines Lebens, welche seine Herzhaftigkeit,
Großmuth, Geschicklichkeit und Entfernung von
allem Eigennutz sattsam beweiset: denn der arme
Mann wettete um einen halben Seidel Wein,
daß er ein Aelstern=Nest von dem großen Ulmen=
Baum herunter holen wollte. Er stieg zu seinem
größten Unglück ohne Leiter hinauf, und als er
hinauf kam, schrie er: ich habe gewonnen. Er
wandte sich um und wies das Nest; es brach
aber der Ast unter ihm, und so fiel er herunter
von einem Ast zum andern, berdi, barda, und
brach, krick, krack, Arm und Bein. Er fiel

rücklings zur Erde und zerschellete das Herz im
Leibe. Ach! du armer Michael Morin, um einen
halben Seidel Wein, wie bist du so wohlfeil
gestorben! Er wußte zwar von keinem Eigen=
nuß, und wäre um ein Achtel wohl eine Stunde
weit gelaufen, er, welcher wohl einen Kübel voll
ausgetrunken hätte, ohne einen Gran Verstandes
zu verlieren. Ueber dieses war er auch nicht
hochmüthig; er trank mit dem ersten, der daher
kam, wenn es ihm nur nichts kostete.

So lasset uns denn den Tod Michael Mo=
rins um des dadurch von uns erlittenen Ver=
lusts willen beweinen, und der schönen Thaten,
die er in seinem Leben verrichtet hat, nimmer=
mehr vergessen; zum Exempel seines großen
Eifers für das gemeine Beste, da er die Kühe
aus dem Kirchhofe vertrieben, seiner christlichen
Liebe, womit er die Leute, die sich um die Zwet=
schen rauften, aus einander brachte, seiner Red=
lichkeit, die er in seinen gewissenhaften Büscheln
bewiesen, seiner Geschicklichkeit im Mähen, seiner
besondern Kunst, die Vögel aus der Kirche zu
jagen, seiner Herzhaftigkeit bei dem Tode seiner
Großmutter, seiner natürlichen Fähigkeit zur

Fähigkeit zum Glocken-Spiel vergeſſen; denn in zwei Schritten ſtieg er auf eine Leiter, aber weil wir jetzt von der Leiter reden, Meiſter Michhaut! beſſert die Leiter doch ein wenig aus, denn es fehlen zwei Sprieſſel daran, und möchte ein ungeſchickter Kerl wohl den Hals darüber brechen. Denn, potz tauſend! wenn ſchon der Michael Morin hinaufſteigen konnte, ſo verſtand er ſein Handwerk recht. Ich ermahne euch demnach, daß ihr die Wunderthaten des Michael Morin euren Kindern wohl einpräget. Wieget ſie mit demjenigen ein, was ihr jetzt gehört habt. Schläfert ſie mit den Liedern ein, die er auf der Glocke ſpielte, denn er war bei aller ſeiner Armuth ein großer Mann, und damit ihr euch ſeiner jederzeit erinnert, ſo laſſet uns mit einander ſingen:

> Da Morin Aelſtern ausgenommen,
> Und von dem Ueſt herunter fiel,
> Erreicht' er ſeines Lebens Ziel,
> Sonſt wär' er noch nicht umgekommen.

Zugaben.

VI.

Bruut-Preddigt,

is geholen van

Ehrn Johann Bummel,

Preddiger

tau Schöppau un im Rodenkampe;

as bei Speelmann tau Schöppau

Jakob Feulen

Hochtyd heilt.

Hamburg, gedruckt im Jahre 1721.

Anmerkung.

1. Vorstehenden Titel führt diese Predigt, die wir hier aus einer Handschrift geben. Sie ist gleichsam eine Erweiterung der ersten Sackmannschen und zeigt, daß man schon sehr früh Wohlgefallen daran fand, in den von S. angegebenen Ton einzustimmen und durch launige Produkte in seinem Style seine Weise forttönen zu lassen. Darum darf es den Leser auch nicht kümmern,

„Wer dieser Bummel doch wohl sei?
Ob er gelebet habe?"

Wir können wenigstens keine Auskunft darüber geben.

2. Uebrigens ist Schöppau ein Kirchdorf bei Königslutter; auch ist der Dialect dieses Stückes braunschweigisch.

Erret dei Speel-Lüe nich ꝛc.

Exordium.

Myne Leiven! man seggt: use Herr Gob will allerlei Lüe hebben. Dat mag wol waar syn. Denn wy seit allerlei Lüe in der Welt. Seit jük man hyr to Schöppau een betken um, da findet jy reits mancherlei Lüe. Ja, seit mant up der Rege her in der Kerken; da steit een Schauster, da een Plaugmaker, da een Snyder, da een Dagelöner un so wyder up der Halve herut. Seiet, up düsser Halve sitt een Akkermann, da een Linnewever, dei den Galgen helpet uprichten, da een Döscher, da dei Möller, un wat is doch dei da? wo heet

et? en — en — en Steuleflitter; denn der
nyen maket he nich veel. Nu seiet sülvest wyder,
jy weret allerlei Lüe finnen. Un wat rekene
ek et up den Dörpern? Man gae in bei Stab,
in Brunswik, da werd man erst veelerlei Lüe
finnen. Doch hebbe=wy da hüte be Tyd nich
tau, da wy tau'r Hochtyd gaan wilt. Wy
seiet hyr reits wol, dat use Herr Gob will
allerlei Lüe hebben. Hei will hebben Möllers
un Bekkers, Snyders un Schausters, Schapers
un Schinners, Bökers un Binners, Dänzers
un Speelers. Un van düssen lesten handelt use
Text, den wy nu vornömen wilt tau bedenken.
Ek hebb'r reits uppe dacht; ek will jük ver=
tellen, wat ek dacht hebbe. Hört jy man braaf
anbächtig tau; jy schölt Lere, Warnung un
Troost darut krygen.

Tractatio.

Usen Bruut=Text beschrift össek Sirach
in synem Huusbauke im 32 Kapittel. Syne
Klaukheit het he nich ut den Fingern gesogen.
Sirach is ein klauk Keerl west; hei is met

klauken Lüen ümmegaan un het fülveſt veel ut
der Erfahrung merket, drum wuſte hei wol,
wat ſek ſchikkede, öbber nich. Nun heet et averſt
ſüſt: wo man einen vernünftigen Mann ſüht,
da ſchall man by gaan, un hören dem tau!
Sirach 6. Drum latet öſſek dem wyſen Mann
Sirach ſülveſt tauhören; ſo ſeggt hei in uſem
Bruut-Text: **Erret dei Speel-Lüe nich!**

Dat Subjectum, ober Unnerding, da hei
van köret, ſünt be Speel-Lüe, dei man nich
erren ſall. Dör bei Speel-Lüe verſteit hei nich
ſolke Lüe as **Frick** uppem Klimpe, den Narren
met ſyner Fruen, dei wy noch up ben hütigen
Dag dei Speel-Lüe pleget tau heten, wyl ſei
dat eerſte Jaar na öhrer Hochtyd niks anders
däben, as dat ſei met eenander kalverben un
ſpeeleben, un daröver balle an den Bebbelſtaf
geraben wören. Sölke Narren mag man in
ören kalverechten Speelen wol erre maken, as
denn Frick un ſyn Wyf ook ſaken erre maket
ſünt, as jy alltauhope ſülveſt wol wettet.

Dok verſteit hei nich ſolke Lüe as **Hans
Fobbens** brei Kinner tau'm Robenkampe, dei
et as dei Speelkinner tau maken pleget, wyl et

7*

örer drei fünt, na dem olen Sprikwoorde: „Ein
Kind, kein Kind; twei Kinner, Speelkinner;
drei Kinner, veel Kinner." Sölke Lüe meinet
de wyse Mann nich. Wat gei't den Sirach an,
dat Hans Fobbens drei Panzen tau'm Roden=
kampe speelet, ober latet, of fei im Speele erre
maket weret, öbber nich! Weret fei erre im
Speelen, fo möget fei webber van nyem anfan=
gen; dat geit nemfen wat an, un fcheret fek
Sirach niks drumme.

Veel weiniger meint Sirach use goblofen
Kaarten=Speelers, bei nich alleene Werkelbage,
fündern ook bei Sünn= un Feftbage met Speelen
in den Kroigen taubringet. Wenn fei bei Am=
mann im Speelen erre makebe un öhnen dat
Gelag verftörebe, un fei met dem Vogebe jagen
leite, dat öhnen bei Schau entfällen, dat wöre
wol ein gaut Wark; dat wöre wol dem Sirach
nich tauwebber, as bei meer davon hölt, wenn
man syn Geld un Gaut tau Rahe heget, as
wenn man et verfpeelet un herbör bringet. Averft
dat let bei Ammann wol blyven, dat hei bei
Speelers erren fchölle; hei denkt: et fy öhme
kein Vorthel, bei Speel=Lüe tau verftören. Et

bringt öhme meer in, wenn bei Speelers faken
taufamen komet; denn fo werd hei fynes Beiers
los, of et glyk van Harten bünne is. Wenn
et bei Speelers nich föpen, fo fchölle hei fyn
Beir wol beter bruen, ober et wöre öhme ver=
fuern und liggen blyven. Damebbe, dat dat nu
nich fchüht, fo let hei fei fpeelen, of hei glyk
wol weit, dat et unrecht is. Averft, Ammann!
Ammann! leftu fei fpeelen, bei Düvel werd dek
webber fpeelen, dat bu werft danzen möten da=
hen, wo dek bei Solen unner den Foiten ver=
fchreilet. Averft wyder tau'm Text!

Wen meinet denn endlik Sirach, wenn
hei feggt, man fchölde bei Speel=Lüe nich erre
maken? Hei meinet folke Speel=Lüe, bei met
den Dubelfäkken, met der Lyre, met Trumeitten,
met Pypen, met Febbeln, met Hoboien, un met
der Agotte ein Gelag luftig maket. Hei meinet
folke Keerels as Jubal im I. Bauke Mofis, Ka=
pittel 4 weft is. Un fo en Keerel is ufe Brögam
ook. Jy wetet fülveft, dat hei fpeelet het, as
Moriz Lunten Hochtyd heilt, un dat noch
as vor veertein Dagen **Klages Samlers** im
Dyke Wynkoop habbe. Hier wonet noch ein

im Dörpe Kaurd Happe, den jy ook wol
kennet. Wenn bei twei tausamen sünt, sau
könt sei ein Gelag wol lustig maken, nich alleen
met Febbeln, sündern ook met Singen. Sei
singet den olen dütschen Henneken Knecht,
sei singet van Klunz Klaz, van Tryneken
Potz un noch andre Leier, bei sau lustig gaat,
dat man lachen und grynen mot, dat einem bei
Buuk wabbelt.

Tau Brunswik wonet ook sau ein Mann,
den hetet sei den Toornmann, wyl hei up dem
Tooren wonet un af blasen maut. Un sölke
Lüe sünt in usem Texte dat Subjectum, oder
dat Unnerding, da Sirach van köret.

Hyrby mot ek bei Bruut erinnern, dat
sei sek nich inbillen sall, düsse Speelmann, öhr
Brögam möste ünnen lien; nee! denn dat darf
nich sien. Un ob düsse Speelmann glyk im
Texte dat Subjectum, oder Unnerding is, so
gehöret öhme doch im Huse bei Overstehe. Denn
na des leiven Godes Ordnung maut bei Mann
(as hei nu ein wören sall) dei Overstehe hebben
un Herre im Huse syn, sei averst mot under-
daan un gehorsam syn. Nu, dat hebbe ek jük

erinnert; beholt et, Brögam, blybet boven un
latet de Bruut unnen sien.

Nu wenne=wy öffek webber tau'm Texte
un wilt hören, wat Sirach van dem Unner=
dinge, van den Speel=Lüen seggt. Hei seggt:
man schölle bei Speel=Lüe nich erren! Man
kann bei Speel=Lüe erren up mancherlei Aart,
met Wooren un met Warken. Met Wooren
kann man sei erren, wenn man in öhr Speelen
un Singen inwäschet, un dat mot nich syn.
Sirach seggt, kort na usem Text: wenn bei
Speel=Lüe Leier singet, so wasche nich darin!
Dat Waschen schüht nich met Water, as wenn
uses Nabers Tryngreitje, dat lame, den Hoch=
tydslüen bei Heme, Schörtens, Mützens un
Sleiers wäschet, un maket daby solk ein Ge=
baller, dat man et bör dat ganze Dörp höret,
un ek mannigmal in Stubeiern vererret were;
as bei lame Märe noch gistern baan het. Un
wenn sei dat däbe, wenn bei Speel=Lüe eben
pypet, ober singet, so wören sei frylik dadör
erre weren. Averst sau wäschet man up der
Hochtyd nich. Denn wer tau'r Hochtyd gaan
will, dei mot vorher gewoschen hebben; wenn

hei nich will in swartem Tüge as ein Swyn-
egel upgetogen komen, as **Hans Stübe**, dei
Horenbolle, plegbe tau baun. Sündern dat
Waschen schüht met dem Mule un het sau veel
as plubern un plappern, wenn man't maket
as use Timmermann un bei Smed, dei natten
Vögel, dei nümmern nöchtern sünt, un ut der
Wysheit snakken wilt, wenn se sopen hebbet,
un sittet denn un stryet over Dinge, dei sei
doch beibe nich verstaat un will keiner dem
Annern Recht geven, störmet in den Dag henin,
dat man syn eigen Woort nich hören kann,
da doch öhre Körerie nich Kopp noch Ars het.
Dat schicket sek averst nich tau baun, wenn dei
Speel-Lüe sek hören latet. Sirach was ein
klauk Keerl un wuste wol wat sek schickebe; he
seggt averst: „wenn be Speel-Lüe Leier singet,
sau wasche nich brin, sündern spare byne Wys-
heit bet tau'r andern Tyd!"
Met Warken kann man be Speel-Lüe
erre maken, wenn man öhnen bat Speeltüg
verderft, as mal schach, ba **Nyke** up bem
Klimpe Hochtyd heilt, bat etlikke unverstännige
Buer-Esels bem Speelmann ben groten Bogen

met Botter beſmäret habben. Jy wetet noch
alltauhope wol, bat bei Speelmann rechtſchapen
erre worb; hebbe hei et wuſt, wer et baan
hebbe, wanne! et wöre öhme ein ſuer Utfreten
woren ſyn! Hei hebbe wol nich alleen ben
groten Bogen, ſünbern noch wol einen anbern
Knüppel öhme up bem Koppe entwei boſchen!

Wat to **Wettmershagen** ſek taubraug,
bat weret jy ook wol noch nich allerbings ut
ber Acht laten hebben, ba bei groten Buer-
Räkels bem Speelmann bat Trumeitten-Lokk
met einen Hunneſch—t taueſtoppet habben, bat
keen Winb babör komen konne. Hört einmal,
ek will jük ſeggen, bat was ſolk ein Streich,
ſei fungen ſek an to kloppen, et gaf Släge aß
Broob, Speelmann un Gäſte woren erre un
ſloigen ſek bermaten, bat et öhnen herna wol
buſenbmal gerüebe. Denn bei Hunneſch—t brochte
uſem Ammann genaug in, un ſall he wol wün-
ſchen, bat hei up allen Hochtyben ſau ein Fre-
ten hebbe. Denn bei Buer-Lunten moſten braaf
in bei Büſſen blaſen.

. Nu jy ſinb einmal up bei Finger kloppet,
verbrennet ſei nich webber an bem Hunneſch—t

un latet dem Speelmann ſyn Lokk open, ſau
kann hei blaſen, wohen hei will. Nu denket
. daran, wat dei wyſe Mann ſeggt: **Erret dei
Speel=Lüe nicht!**

Hyrut hebbe=ji nu Lere, Warnung un Trooſt.

Lere. De Speelmann, dei in uſem Texte
un ook in myner Prebbigt iß dat Subjectum,
ober Unnerbing genennt, dei blift doch in ſynem
Huſe, darin hei nu ein Mann iß, dei Over=
herre, un ſyne Bruut dei nu eine Fru weren
ſall (bartau ek öhr Glück wünſche) mot öhme
ünnerbaan un gehorſam ſyn. Nu, düſſe Lere
iß for Bruut un Brögam, un intgemein vor
alle Ehelüe; denn dei Mann mot in allen
Hüſern boven blyven un dei Fru unnen.

Dei Warnung iß vor dei Gäſte, dei
tau'r Hochtyd gaat. Dei ſchölt dei Speel=Lüe
nich erren. Vorut up düſſer Hochtyd da uſe
Naber Kaurb Haken het möten von drei Myle
Weges her eenen Speelmann to ſek langen,
wyl uſe Brögam, **Jakob Fenlen** ſülveſt up
ſyner Hochtyd nüch meer ſpeelen kann. Wolden
jy düſſen Speelmann erre maken, jy wören nich
allene hyr, ſündern ook ba hei her iß, einen

böfen Namen krygen. Drum waret jük bavör
un maket bei Speel=Lüe nich erre. Nu hebbe=jy
tau left den

Trooft. Dei Speel-Lüe, bei weret fek
angrypen up büffer Speelmannshochtyd un folke
nye Stückfchens fpeelen, as jy jue Lävebage nich
hört hebbet.

God geve, bat jy ber Warnung naläven
mögt. Amen.

VII.

Zeitpredigt,

gehalten

von

Ehrn Jobst Sackmann

zu Limmer

133 Jahre nach seinem Tode.

Gedruckt zum erstenMale in denCelleschenAnzeigen 1850, Nr. 67.

Anmerkung.

Das folgende Bruchstück ist ein neuer Beweis und der neueste, daß Sackmann lebt, obgleich er gestorben ist; daß die Weise, die er angestimmt hat, forttönt; daß die Schwingungen, welche der Griff seiner Hand erzeugte, immerdar vibriren; sie sind echt volksthümlich. Schade, daß es uns nur vergönnt ist, ein Bruchstück zu geben; Stoff zu einer ganzen Predigt, ja zu einer ganzen Postille bietet hinlänglich unsre Zeit.

Bruchſtück.

— — — Darum ſeid klug wie die Schlan=
gen, doch ohne Falſch wie die Tauben, denn man
kann ſehr leicht zu Schaden kommen. Aß ick
noch Candidat waß, moßte ick mit'n grooten vör=
nehmen Minſchen up Reiſen gahn. Wi keimen
toleſt na Neapel. Bi büſſe Stadt ligt 'n hoogen
Barg, den nennt ſe Vesuvium. Dahenup ſteegen
wi. Aber wanne! wanne! wat harr' dei vor'n
groot Muhl! Se heiten et in öhre Sprake:
Krater. Was geſchah, meine geliebten Zuhörer,
als wir an dieſen Krater traten? En näſewieſen
Engelländer, dei ok mitgahn waß, tratt to dicht
heran, un — Pardauz! was hei wege. So
ſoll es meiner lieben Gemeinde Limmer nicht
gehen. Ihr ſeib mit Kraters umgeben, wenn
Ihr auch nicht bei dem Vesuvio wohnet, ſon=
dern bei dem ehrlichen Deiſter. Wat ick damit
meent heff, dat will ick Jück ſeggen: Da ſind

erstens bei Auto-Kraters, dat sind dei slimmsten
von allen; wahrt Jück davor; — denn kahmt
dei Aristo-Kraters, dei böget of noch nich all=
toveel; — den drübben Slag nennt se Dämo-
Kraters, dat sind Glattsnacker; wenn se baben
up kahmt, sind se just as de Annern. Hütet
Euch also, meine geliebten Mitchristen, daß Ihr
nicht von einem dieser Kraters verschlungen wer=
det, wie jener einfältige Engländer, von dem
ich Euch erzählt habe, sondern lasset uns denken -
an Spr. Sal. Cap. 1, V. 10, und uns waff=
nen mit den Worten, die wir aufgezeichnet fin=
den Matth. 4, V. 10, damit wir froh und in
Ruhe unser tägliches Brod essen mögen. Dazu
wolle uns Gott helfen. Amen!

Druck von Ed. Schöne in Celle.